阿部利彦 編著

決定版!

授業のユニバーサルデザインと合理的配慮

子どもたちが安心して学べる 授業づくり・学級づくりのワザ

金子書房

まえがき

本書は、今まさに授業のユニバーサルデザイン（ＵＤ）を牽引している現場の先生方や、合理的配慮を実践されている先生方の知恵とワザを集めた、大変ぜいたくな一冊となりました。

こうして本書を手に取ってくださった皆様はご存じかと思いますが、授業のユニバーサルデザイン、通常学級のユニバーサルデザイン、学びのユニバーサルデザインなど、教育のユニバーサルデザインにはさまざまあり、それぞれ共通点や相違点があります。ですがあえて今回は「教育のＵＤとは何か」ということを限定していません。なぜならＵＤを一つの考え方に限定してしまったとしたら、すでにそれはＵＤではなくなってしまうからです。

ＵＤに正解はない、型もない、私は常日頃そう実感しています。もしかしたら、どの取り組みも正解と言えるかもしれません。そう、子どもの数だけ、先生の数だけ、学校の数だけ、ＵＤはあるのです。

「授業ＵＤ」というと、「教室環境のＵＤ」、例えば黒板の周辺をすっきりさせるといった物理的な、ある意味構造化に近い取り組みをイメージする方も多くいらっしゃるかと思います。もちろんそれらも重要な要素ではありますが、本書では、通常学級の授業に関するＵＤを中心にすえています。できるだけ多くの教科でのＵＤ化について触れているのが本書の特徴と言えるでしょう。国語授業のＵＤと体育授業のＵＤでは、例えば視覚化は共通するかもしれませんが、教科の特性に合わせた目指すものがあるのです。

また、授業ＵＤは子どもたちの安心できる学びのために大切な要素ではありますが、より多くの子どもたちにとってわかりやすい授業であっても、どうしても届きにくい子どもたちはいるものです。そういう、個別でより丁寧に支援していかなければならない子どもについては、合理的配慮は欠かせません。本書は、学級全体への支援（授業ＵＤ）と個に応じた支援（合理的配慮）の両輪ですすめるインクルーシブ教育をイメージしてまとめてあります。

本書は、どのテーマから読み始めてもわかる作りになっています。ですから、読者の皆さんが知りたい、ヒントにしたいテーマを選んで読んでいただければと思います。またＵＤを実践後に再度読んでいただくと、そのたびに新しい発見があるかもしれません。

阿部利彦

目次

本書は、『児童心理』二〇一六年一月号別冊「通常学級のユニバーサルデザインと合理的配慮」に加筆・修正をし、再構成したものです。

1
総論

通常学級でユニバーサルデザインを進めるために

——研究校から学ぶ

阿部《あべ》利彦《としひこ》

1 通常学級における教育のユニバーサルデザイン化

教育のユニバーサルデザイン（以降UD）、とはどんなデザインだろうか？　それについてはさまざまな考えがあるだろうが、私はそれを「より多くの子どもたちにとって、わかりやすい、学びやすい教育のデザイン」であると捉え、教育のUD化について現場の先生方と実践研究を重ねている。

多くの専門家が提唱しているのは「全員参加」や「すべての子に」という点が強調されたUDであるが、教育の現状を鑑みるにその実現は容易ではないと予想される。「全員」「すべての」という言葉にとらわれると、どうしてもハードルが高く思えてしまうものだが、「より多くの子を」支えればいいのだと考えれば取り組みやすく、その言葉に勇気づけられたという現場の声は多い。「それならチャレンジしてみたい」という学校も増えてきている。

もちろん、UDといえども万能ではないので、UD化しても取りこぼしてしまうおそれのある子どもたちもいる。その子たちのために、合理的配慮についても並行して検討していく姿勢が大切だと考えている。

さて、通常学級のUD化を進めるにあたっては、よく言われるように教室環境を整えるということだけでなく、クラスの人間関係を豊かにするという視点を持ち、子どもたちの学びあいが深まるような雰囲気を作っていくことが不可欠であると私は考えている。「教育のUD」と聞くと、多くの先生方は教室環境の整備を真っ先にイメージされるようだが、クラスの人間関係を育むことにも留意していただけたらと思う。

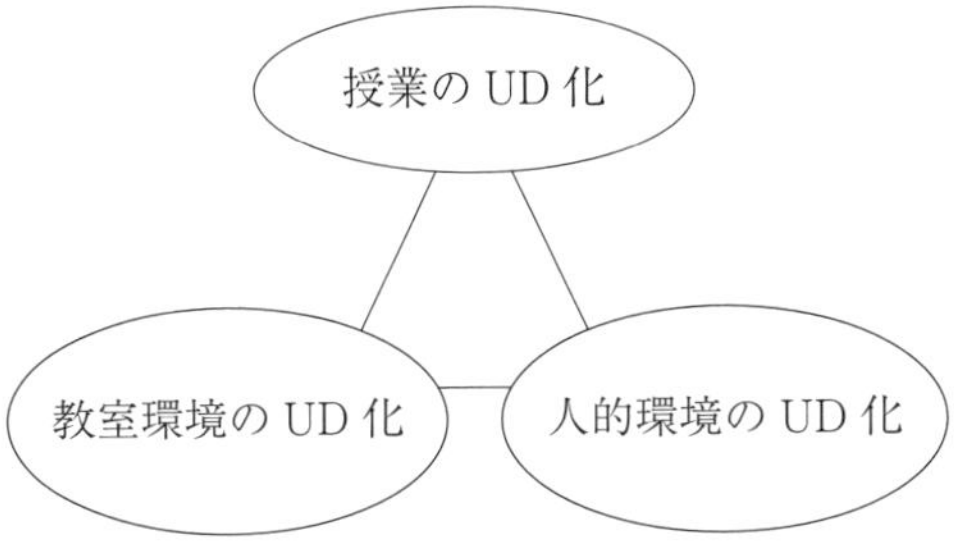

図1　子どもを支える教育における3つのユニバーサルデザイン

とはいえ、これから教育のUD化に着手しようという学校においては、もちろん教室環境のUDから始めた方が、校内での方向性も共有化しやすく、取り組みやすいのは明らかである。

その場合、第一ステップとして「教室環境のUD化」に取り組むわけであるが、まずは、各先生方がすでに実践されている教室環境整備の工夫を拾い出し、それらを「見える化」して、その学校のスタンダードにしていく作業から始めていくのがよいだろう。また、並行して、外部専門家などにも協力してもらい、その学校の「授業のUD化」の要素を発掘し、先生方が意識せずに行っているであろうUD的な授業の工夫を意識化することも大切である。これらの作業によって、各先生の工夫を学校全体で共有化していくのである。

例えばモデル校として二か年の研究を行うような場合、この作業を一年目＝第一ステップとする。二年目は、第二ステップとしてさらに授業のＵＤ化を充実させるわけなのだが、小学校の場合は、教科を絞り込んで研究することをお勧めしている。忙しい中での実践であり、一教科に焦点化して取り組んだ方が手応えもより速やかに共有化できる。以前から国語研究を続けてきた学校であれば、それを土台としてＵＤにつなげられるだろう。

第三ステップでは、第二ステップで絞り込んだ教科を他教科に広げるプランを検討できればよいだろう。加えて、日本授業ＵＤ学会でも提唱している「三段構え」、すなわち、①授業の工夫を考える、②個別の配慮を考える、③個に特化した指導を考える、の中の、とくに②と③に対する実践を深めていくようにする。

また、私は、教育のＵＤにも三つの柱があると考えている。それが、「授業のＵＤ化」、「教室環境のＵＤ化」、「人的環境のＵＤ化」である（図１）。

２ 墨田区立錦糸小学校による実践

それでは以下に、全国の小学校における具体的な取り組みをご紹介していきたい。

まずは、東京都墨田区立錦糸小学校の取り組みである。錦糸小学校では、教育のＵＤ化にチャレンジするために、授業のＵＤ化を検討する「授業づくり部」、教室環境のＵＤ化に取り組む「環境づくり部」、そして人的環境のＵＤ化を考える「仲間づくり部」の三つの部会に分かれ研究が進められた。

錦糸小学校の先生方は「まず、土（学校・家庭・地域）と肥料（過ごしやすく集中できる環境）で児童の成長を支える土壌を作る。そして水（安心して学びあえる仲間）と太陽の光（わかりやすい授業）を注ぐことで、児童一人一人の豊かな花が咲くようにするという願い」をもって研究を推進している。

環境づくり部では、UD化の第一ステップ（教室環境のUD化）のために、次のようなチェックリストを活用している。

〈教室環境のUD化チェックリスト〉

①教室前面の黒板や壁面には、必要最小限のものだけを掲示している。
②教室や廊下の掲示物は、整理して貼られている。
③教室の整理整頓を心がけ、不要なものは置かないようにしている。
④教卓や教師用机の上は、整理整頓している。
⑤教室の棚には目隠しをするなど、刺激の配慮がされている。

さらに、授業づくり部の実践で特筆したいのは、授業のUD化が本当に学びにつまずきがある子どもたちに効果があったか、を検証したということである。例えば授業研究では、実際に発達障害のあるA君、Bさんが授業中どのような行動をとったか、挙手したか、どのような発言をしたか、ノートにどのように自分の考えを書き記したのか、を個別に記録している。授業者やクラス全体の観察をするだけでなく、配慮を要する各児童の実際の反応を後ほど全職員で共有し、効果的だった支援、今後課題となる配慮などについて検討している点などはぜひ参考にしたいものである。

大田区立入新井第二小学校の実践

東京都大田区立入新井第二小学校では、通常学級担任と通級指導教室担当者が協力して、通常学級における授業の指導案作成を行っている。研究に際しては、子どもの特性によって三つのタイプに分けて支援を検討している。

〈子どもの三つのタイプ〉

タイプⅠ：多動傾向のある児童、落ち着きのない児童等。（例）声の大きさをコントロールするのが難しい。話の順番を理解するのが難しく、自分が思ったことをすぐに口に出してしまう。いろいろな音や周りからの刺激で教師の話を聞き漏らすため、何をしていいのか分からなくなってしまうという課題がある。

タイプⅡ：こだわりの強い児童。（例）感情をコントロールするのが苦手で、突然の予定変更に対応するのが難しい。字は丁寧に書くが、手紙文や場面を想像して書くなど、自分の考えを表出するのが苦手である。いろいろな音や身の周りのものが気になり、集中できないという課題がある。

タイプⅢ：理解に時間がかかる児童。（例）聞いたことや自分の考えを書くのが苦手である。黒板に書いてある文字を書き写すのに時間がかかることなど、自分が抱えている課題を理解している。

このような視点から、クラス全体への指導の工夫（焦点化、視覚化、共有化）に加えて、タイプⅠ・Ⅱ・Ⅲそれぞれ、個に応じた手立てを指導案の中に盛り込んでいるため、より細やかな授業づくりが実践されている。

今年度からの新たな試みとしては、タイプ別に児童がどのような場面でつまずくか、どのような間違い方をするかを予想し、模擬授業で各教師が分担してタイプⅠ、タイプⅡ、タイプⅢの児童役を務め、ロールプレイ的な研究を行っている。その後に行われる実際の研究授業と模擬授業の内容を比較し、さらに検討を重ねながら授業のUD化に取り組んでいるのである。

2 宮古島市立東小学校の実践

沖縄県宮古島市立東小学校では、「東小学校スタンダード」というものを掲げている。

〈東小学校スタンダード～授業改善へむけて～〉

1　支持的風土のある学級づくりをする
○話を聴く態度の指導
○お互いを認め合う関係づくり
2　ベル席・黙想で始める
○ベル終了と同時に黙想開始→号令
3　タイマーを使い、時間内に課題を解決する力を育てる
4　思考の整理ができる板書をする
○めあて　○課題　○考え　○まとめ
5　「ペアや小グループ活動」を授業に位置づける
6　子どものつぶやきを拾う・つなぐ授業をつくる（教師が一方的にしゃべらない）

7　発問や指示は、具体的にわかりやすくする

8　授業と連動した「宿題」を与える

特別な配慮を要する子どもだけに限らず、周りの人の行動を目にしても自分と結びつけて考えることができなかったり、一つのことから他のことを察することが弱かったりする子どももいる。そんな子どもたちと接していると、当たり前（のはず）、「常識」とされることを思いのほか知らないことに驚かされることがある。彼らは、会話や話し合いの中で常識や社会性を自然に身につけることが難しいので、当たり前のことでも一つ一つ丁寧に説明していく指導が必要なのである。

また、「さっきの言い方よかったね」などの漠然としたほめ方では、自分がどの文言をほめられたのか、なぜよかったのか、それは他のどの場面でどう応用できるのか、といったことが分からず、結果としてソーシャルスキルが獲得できない子どもも増えている。よって、言葉でほめてよい行動を定着させるという方法だけに頼らないトレーニングの工夫が必要である。

学校やクラスなど
集団全体で取り組むSST
→ユニバーサルデザイン型

- あいさつスキル
- 自己認知スキル
- 言葉・表現スキル
- 気持ち認知スキル
- セルフコントロールスキル
- セルフマネジメントスキル
- コミュニケーションスキル

図2　U-SST（ユニバーサルデザイン型ソーシャルスキルトレーニング）（日本標準・発行[1]）

そこで、東小学校では特に人的環境のUD化を重視し、クラスワイドのSSTも取り入れている（図2）。クラス全体の社会性を高めることにより、自然に子どもたちが支えあい、育ち合う雰囲気ができあがる。そして、クラスがまとまっていくのにそって、子ども自身も成長していく。子ども同士が高めあう力は、時に大人の予想を超えるような素晴らしい効果を生み、共にいきいきと学べる環境を作り出してくれるのである。

宮古島市立南小学校の実践

沖縄県宮古島市立南小学校の取り組みで特徴的なのは、姿勢保持に課題がある子への支援、目と手の協応動作に課題がある子への支援などが検討されている点である。毎朝全児童がチャレンジするビジョントレーニングの時間や、定規を使うことになれるための一分間トレーニングなどが実施されている。

また、マニュアルを作成し、校内で共通の認識を持ち、これによって教師が一丸となってＵＤ化に取り組んでいる。

〈南スタイル　ユニバーサルデザイン〉

1　教室環境

①　教室を整理整頓し、すっきりとした環境にする。
②　教室前面や黒板には固定掲示物は貼らず、学習に集中できる環境にする。
③　教室前面の戸棚には目隠しをして、学習に集中できる環境にする。
④　机やロッカーを仕切りや整理かごで整頓し、必要な物がすぐに出せるようにする。
⑤　水槽のポンプなど音の出る物を教室に置かない。

2　授業環境

①　正しい姿勢を意識させる。
②　机上の整理整頓をさせる。
③　筆記用具を精選させる。

④　見やすいノートの書き方を指導する。
⑤　タイマーを活用し時間を意識させる。

3　情報伝達の工夫

（1）視覚情報

①　視覚情報処理の苦手な児童は、席を前方にする。
②　板書の文字の大きさを考慮する。
③　チョークの色を考慮する。（赤のチョークは使用しない）
④　板書を構造化する。
⑤　言語指示だけでなく、文字やイラスト等による指示を活用する。

（2）聴覚情報

①　意識的にアイコンタクトを取りながら話す。
②　指示は端的に、一指示一内容にする。
③　説明は簡潔に、要点は繰り返したり、子どもに復唱させたりする。
④　自力解決の時間は、全体への言葉かけはしない。（個別の言葉かけはしてもよい）
⑤　話を聞くときは、手に物を持たせない。
（活動の途中で追加の指示を出すときは、全体の活動を止めてから行う）

4　学級づくり

①　指導者は、丁寧な言葉遣いや肯定的な言葉かけをする。
②　相手を大切にした挨拶や言葉遣いを日常的に大切にする。

③ 子どもの特性を踏まえて、指名をしたり、役割を与えたりする。
④ 子どもが好きなことや得意なことを授業や学級経営に取り入れる。
⑤ 不適切な行動に関しては、注意だけでなく、適切な行動を示す。

ビジョントレーニングは発達障害のある子だけに必要なものではなく、周囲の子どもにも必要であるという視点で、個別支援をUD化していくという発想が実に素晴らしい。

横浜市立本牧小学校の実践

神奈川県横浜市立本牧小学校では「分からない」「できない」と言える力、雰囲気を重視している。そして、「分からない」から「分かる」へ、「できない」から「できる」「やってみたい」と思えるような、主体的に学ぶ姿を育てるための工夫を行っている。

そのための「誰もが安心して生活できる学級づくり」を目指して先生方は日々取り組んでいるのである。

〈本牧小学校の授業における工夫〉

① 授業のねらいを明確化する：抽象的なねらいではなく、具体的な行動で判断できるねらいを設定する。
② 記憶に負担がかからない工夫をする：具体的な指示、注意事項を板書し、いつでも見返すことができるようにしている。
③ 情報伝達の際に注目させる：ノートを取らせながら指示をするなど、複数のことを一度にさせない。

グループ学習の際には、児童が助け合ったり、協力し合ったりする場面を意図的に設定している。また、個々の児童の特徴を理解し、活用できる場面を設定するような工夫がなされている。

子どもの立場から授業を再構築していこうという姿勢には学ぶところが多い。授業を受ける側の視点で授業づくりをしていくことはまさにユーザビリティーを意識したＵＤ化といえるだろう。

二　クラスを変える五つのテクニック

さて、通常学級においても発達的に課題がある子の「学びのつまずき」を想定し、その背景を踏まえてデザインしていくのがＵＤ化された授業だといえよう。ＵＤ化された授業とは、ワクワクさせたり興味を抱かせたりする要素が盛り込まれた、子どもたちが自然と活動にのれる授業である。そんなＵＤ化された授業を観察・分析していくうちに、その授業には以下の五つのテクニックが見られることに気がついたのである。

ＵＤ化された授業の五つのテクニック

- **「ひきつける」**
- **「むすびつける」**
- **「方向づける」**
- **「そろえる」**
- **「わかった」「できた」と実感させる**

表1　授業をUD化するための5つのテクニック（日本授業UD学会湘南支部・作成[2]）

	5つの観点	手だて
導入	☆ひきつける ☆方向づける ☆むすびつける	〈視覚刺激で意欲を高める〉 視覚化：本時の学習への意欲を高め，**ひきつける** 焦点化：本時のゴールの明示　**方向づける** 共有化：本時の学習内容と子どもを**むすびつける**
展開	☆ひきつける ☆そろえる ☆方向づける ☆むすびつける	〈視覚刺激を言語活動で広げ，論理を追究する〉 視覚化：考える材料を提示し，**ひきつける** 共有化：思考過程を**そろえる** 「○○さんの言っていることが分かる？」 焦点化：考えるポイントを明確にし，**方向づける** 共有化：モデル発信・ペア・グループトークで理解を**そろえる・むすびつける**
終末	☆そろえる ☆むすびつける ☆わかった できた	〈つかんだことを表現する〉 ・「わかった」を**共有化**，**視覚化することで**「できた」へ ・モデルの提示　型の提示 ・生活へ**共有化しむすびつける**，次の時間への意欲と**むすびつける**

授業では、この五つが生きるポイントがそれぞれある。例えば、授業の冒頭では子どもを授業に引き込むための「ひきつける」や、本時の学習内容を明確にするための「方向づける」がとくに有効になる。

「ひきつける」についていえば、用いる場面によって違いが出る。例えば、導入部分で子どもの関心を「ひきつける」ことと、展開部で話し合いのテーマや本時の山場部分へと「ひきつける」ことでは、具体的な手立てだけでなく、目的にも違いが出てくる。

これらを踏まえ、授業をUD化するための五つのテクニックを一時間の流れにあてはめると、表1のようになる。この基本形はどの教科、どの発達段階の授業にもあてはまりやすい「授業の型」である。

これはあくまで基本型であり、この型どおりにすべての授業を展開していけばよいというわけではない。教科の特性・発達段階・授業のねらいに応じ、この型をもとに補充・深化・統合・発展させ、一時間の授業を創っていくことが必要になるだろう。

授業のUD化に取り組んでおられる先生方は、工夫された授業に、「ワクワク感」「ドキドキ感」「皆でできた感」をプラスすることに力を注いでいる。授業の最後に、子どもたちに「達成感」や「満足感」を与えること、これが重要なポイントになるのである。授業の最初の頃にはまっすぐ手を挙げられなかった自信なさげな子や、不安そうにしていた子に、「できた」と感じさせるところを到達点として、毎日の授業に工夫を凝らしているのだ。

今回ご紹介した小学校は、自校の子どもたちに向けてアレンジした独自の授業のUD化にチャレンジしている。「視覚化、焦点化、共有化」という型だけを授業に取り入れ、それでよしとすることは真のUD化ではない。本書のさまざまな提案を参考に、それぞれの学校オリジナルのUDが構築されていくことを願うばかりである。

〔参考文献〕

(1) 星槎教育研究所・日本標準教育研究所（企画・制作）、阿部利彦（監修）「U-SST　ソーシャルスキルワーク」日本標準、二〇〇九

(2) 阿部利彦（編著）、川上康則・片岡寛仁・上條大志・久本卓人（著）『通常学級のユニバーサルデザイン　プランZero2　授業編』東洋館出版社、二〇一五

2

合理的配慮のために必要な基本知識

通常学級にいる発達障害の子どもたち

田《た》中《なか》康《やす》雄《お》

はじめに

ある地方で発達障害についての講演をしたとき、「小学校一年生の高機能の自閉スペクトラム症の母です。うちの子が通う小学校が、給食完食を絶対とする方針だって、入学後に知りました。うちの子、好き嫌いがとても多くて、完食できないって、初日から泣いて帰ってきているんです。どうすればよいでしょうか」と、半ばつらそうに、そして半ば呆れたような表情で質問された。

僕は、その方針が変わらない限り、彼の苦悩は消えないでしょうねと、返答することしかできなかった。

出されたものを無駄にしないで、大切に食することは確かに教育の一環ではあると思う。でも、子どもたちのなかには、独特の強い感性によりしばらく食べられるものが限られている場合もある。長い時間をかけて克服することができる場合もあれば、生涯克服できない場合もあるだろう。

発達障害の特性には、味覚や嗅覚、触覚といった五感が極端に鋭い場合がある。その特性が認められた発達障害と診断された子どもであれば免除、それ以外の子どもたちには完食を目指すという指導は、発達障害に配慮した対応ではあるが、個々の子どもに配慮しているとはいえない。特別支援教育とは、障害の有無よりも個別に配慮した教育を目指すということであったはずだ。

子どもたちのなかには、好き嫌いを容認しても、おいしく食べることの喜びを経験させることで、充分な場合もある。すくなくとも、希望を胸に入学したこの子が、初日から泣いて帰るほどの苦痛を与えるべき教育指導は、あってはならないと僕は思った。

私見としての特別支援教育

前述で勇み足で触れてしまった「特別支援教育」とは、そもそもなぜ誕生したのだろうか。

この国における障害のある子どもたちへの支援体制は、社会に在る無理解と偏見と誤解のなかで、養育者と教育関係者が、まさに血のにじむような努力と戦いで得た結果であると、僕は理解している。

一九四七年に教育基本法と同時に制定された学校教育法で盲・聾・養護学校（知的障害、肢体不自由、病弱）の義務教育制度が位置づけられながらも、その完全な義務制は三二年後、四半世紀を越えた一九七九年まで待たざるを得なかった。適応されるべき児童がすでに中年期にさしかかるほどの時間を要したことは、だからこそ、並々ならぬ思いがそこにあったと、僕は思う。

そして軽度の障害のある児童が通常学級に籍を置きながら、別の教室で適宜特別の教育を受ける、通称「通級による指導」が制度化されたのは一九九三年である。

これが、二〇〇七年からの特別支援教育へと続く。その中心と思われた通常の学級に在籍する学習障害（LD）、注意欠陥多動性障害（AD／HD）、高機能自閉症等のある児童生徒に対する、「教職員の理解促進を含め学校全体が組織として一体的に取り組むこと」(1)の確保は、現在、いつ、どこで、だれが検証しているのだろう。

僕が理解する特別支援教育は、障害種別・程度による特定の場における教育から、一人ひとりの個のニーズに応えるべき教育の大転換であったはずである。

しかし、現実は、僕が経験する現実は、きわめて多様で、個性的な傾向のうち、学習障害（LD）、注意欠陥多動性障害（AD／HD）、高機能自閉症等の「新しい」発達障害が特に注目され、その対象群を「特別」な支援の対象に組み込み、結局支援学級で対応されていることが少なくない。しかも、その支援学級がどんどんとマンモス化し、通常学級で不可能だからといわれた「一人ひとりの個のニーズに応える」対応が、すでに支援学級でも困難になっている状況を、僕は感じている。

私見としてのユニバーサルデザインと合理的配慮

文部科学省は、二〇一二年に合理的配慮等環境整備検討ワーキンググループを立ち上げた。そこでは、合理的配慮とは障害のある子どもが、他の子どもと平等に「教育を受ける権利」を享有・行使することを確保するために、学校の設置者及び学校が必要かつ適当な変更・調整を行うことであり、障害のある子どもに対し、その状況に応じて、学校教育を受ける場合に個別に必要とされるもの、と定義している。これが教育現場が作ろうとしている合理的配慮なのだろう。

一方で教育現場におけるユニバーサルデザインとは、簡単にいうと、「どの子も学びやすい授業作り」といって、発達障害等の有無にかかわらず、すべての子どもが、「わかる・できる」ための多様に工夫した学びのためのデザインといえるだろう。

これは一人ひとりの個のニーズに応えることのできる教育システムと理念の一例であろうと、僕は理解し、あくまでも特別支援教育の実践を補完するものであると考えている。

でも、と僕は天を仰ぐ。

給食完食しないと休み時間がなくなる、完食できない子はダメな子といった烙印を毎日押される教室には、「あたりまえの配慮」さえ、ない。

通常学級にいる発達障害の子どもたち

子どもたちと親の悩みは尽きない。夏休みの宿題として何十枚ものプリントが配布されたとき、小学三年生のA君は、そのあまりの量に唖然とした。担任は、夏休み中気を抜かないようにという配慮で、「できる範囲まででよいからね」と念を押して配布した。でもA君は知っている。

この教室では、一年で一〇〇冊の読書をしようという運動がある。僕はびっくりしてネットで調べてみたら、「めざせ年間全員一〇〇冊読書大作戦」とか「ハッピーブック運動」という名称で目標読書冊数が競われている。「できる範囲でよい」という担任は、毎週児童全員の読書カードを点検し、教室便りに「今週の読書王」として名前を載せている。夏休みが終わっての最初の教室便りには一〇〇枚にも及ぶプリントを完全制覇した児童名が掲載されると、A君は予測した。

ノーチャイム制で、オープン教室の通常学級に、僕が担当している小学二年生のB君がいるので、こっそり参観したことがある。オープン教室というのは、まるで青空市場のようで、僕にとっては、とても落ち着くことができない空間だった。それ以上に国語の授業をしているのに、隣のクラスのリコーダーの音には本当に参った。この騒々しさのなか、皆よく頑張っているなと僕は感心した。B君は、ひとり、壁のない廊下に続く空間を経た真向かいのパソコン教室が気になる様子だった。確かになぁと、僕は思った。そうこうするうちに終了時間になり、B君は、「国語終わり」といって、ひとり黙々と片付け始めた。確かに教室の時計は終了時間をさしていた。すると先生は「B君！まだ終わりじゃありませんよ！」とややきつい表情で声を掛けた。僕はこれは困ったことになったと思った。診察のときB君は「何時に帰るの」と親に尋ねる。時間に律儀なのだ。案の定B君は「九時三〇分ですから、終わりです」と言いながら、机の上をキレイにした。僕の診察でも時間がきたら「先生、さようなら」と親との話が途中でもおもちゃを片付け、ひとりさっさと帰り支度をする。先生は、B君にまだ終わりではないこと、国語の教科書とノートを今一度準備するよう指示し、それから五分ほどたって、国語の授業は終了した。二時間目までの休み時間は五分短縮となり、B君以外の児童はその切り詰めに対して、これもまた律儀に遵守し、五分後に算数が始まった。そしてB君は、きちんと五分超過、いやしっかり一〇分の休み時間を経てから教室に戻ってきた。

A君もB君も個人が特定されないように、僕が関わってきたたくさんの発達障害があると思われる子どもたちのエピソードを凝集したものである。

今一度教育の姿を考える

通常学級における特別支援教育は、教育現場で起きている事柄を医学・心理的情報を利用して読み解くという理解の視点から、ユニバーサルデザインと合理的配慮という哲学と手法による実践活動へと移行していくのかもしれない。

実際、発達障害のさまざまな特性についての理解促進が教育現場に強く求められているのは、昨今の教員対象の研修会や関連書籍の飽和状況からも明らかである。

しかし、教育の現場で起きている事柄を、医学的な情報を駆使し医学的に理解し対応することでは、多くの問題は解決しない。当然のことではあるが教育は医療ではなく、教室は病室でも診察室でもない。確かに「われわれは教員なのか、医療的素養も強く求められる新たな職種なのか」といった教員みずからの職業アイデンティティへの葛藤はあるだろう。しかし、ここはやはり教員であってよいと、いや教員であるべきだと、僕は思う。

発達障害という特性は、その子にある特性のひとつである。その特性をもってさまざまな人間関係をつまずきながらも築き続けるその子に、寄り添い続けて社会生活の力を授けていくのが教育であると僕は思う。

生きる力を育むためには、自分自身が相手や社会に正しく認められていることを認識することが必要であるが、そのまえに、自分が相手や社会から護られていると実感できないと、そもそもの信頼関係は築けない。完食の強制やノーチャイムやオープン教室が、彼らを不安にさせているのなら、構造的な失敗なのである。

ユニバーサルデザインと合理的配慮が手法伝授のブームにならないことを祈る。手法に子どもを当てはめるのではなく、すべての子どもたちが護られている、大切にされているという感覚を育む哲学として存在してほしいと願う。

通常学級にいる発達障害の子どもたち、いやすべての児童生徒に生き続ける力を開花させる手助けとしての教育は、教師の人格により成り立つ。たくさんの情報や流行に惑わされることなく、通常学級にいる目の前の子どもからはじめる（Children First）という地道な実践こそが、教育であると信じたい。

〔文献〕

(1)　文部科学省ホームページ「第4章　特別支援教育を推進する上での小・中学校の在り方について」http://www.mext.go.jp/b_menu/shingi/chousa/shotou/054/shiryo/attach/1361228.htm

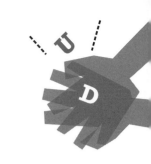

「インクルーシブ教育」で学校はどう変わるか

樋《ひ》口《ぐち》一《かず》宗《むね》

1 インクルーシブ教育システム

人が生き続ければ必ず障害者になっていく。私自身、視力がいつまでも保たれているとは限らないし、聴力も弱まっていくだろう。身体能力も落ちる一方である。そうすると「誰もが相互に人格と個性を尊重し支え合い、人々の多様な在り方を相互に認め合える全員参加型の社会である」（中央教育審議会初等中等教育分科会「共生社会の形成に向けたインクルーシブ教育システム構築のための特別支援教育の推進（報告）」(1)、以後「特々委員会報告」という）という真の共生社会が、一日も早く実現してほしいと願う。

教育に関しては、その実現は「インクルーシブ教育」と表現される。インクルーシブ教育とは、障害のあるなしにかかわらず、誰もが共に学び、共に育つことができる教育のことである。だが、「インクルーシブ教育は見果てぬ夢である」。その言葉を聞いて、まったくその通りだと思った。科学や医学、教育に関する技術が進歩すれば、現在、障害のない子どもと一緒に学ぶことができていない障害児も共に学ぶことができるようになるだろう。例えば、まったく反応を表出できない子どもでも、脳の活動が活発な場合がある。そういった子どもの脳内の電気的信号を捉えてやり取りできるような装置が研究されているのだという。また、体を動かそうと考えたときにその部位に発生する微弱な電気信号を捉え、その動きをサポートする機器はすでに実用化している。感覚器の障害を代替する機器の高性能化や普及もさらに進むことが予想される。読み上げソフトの性能の急速な進歩は、読み書き障害だけでなく文意を理解すること自体が困難な知的障害のある子どもにも学習の可能性を拡げてくれるだろう。だが、それらの技術がいくら進歩しても、その支援のギリギリ外側にこぼれ落ちてしまう子どもたちの数はゼロにはならないだろう。解決したと思う先に、新たな困難が現れるのがこの世の常だからである。

では、インクルーシブ教育に向けて、着実に前進するための教育制度はどうあったらよいのか。その仕組みが特々委員会報告にまとめられた「インクルーシブ教育システム」である。

その内容は下記の五つから構成されている。

1　共生社会の形成に向けて

(1)共生社会の形成に向けたインクルーシブ教育システムの構築、(2)インクルーシブ教育システム構築のための特別支援教育の推進、(3)共生社会の形成に向けた今後の進め方

2　就学相談・就学先決定の在り方について

(1)早期からの教育相談・支援、(2)就学先決定の仕組み、(3)一貫した支援の仕組み、(4)就学相談・就学先決定に係る国・都道府県教育委員会の役割

3　障害のある子どもが十分に教育を受けられるための合理的配慮及びその基礎となる環境整備

(1)「合理的配慮」について、(2)「基礎的環境整備」について、(3)学校における「合理的配慮」の観点、(4)「合理的配慮」の充実

4　多様な学びの場の整備と学校間連携等の推進

(1)多様な学びの場の整備と教職員の確保、(2)学校間連携の推進、(3)交流及び共同学習の推進、(4)関係機関等との連携

5　特別支援教育を充実させるための教職員の専門性向上等

(1)教職員の専門性の確保、(2)各教職員の専門性、養成・研修制度等の在り方、(3)教職員への障害のある者の採用・人事配置

就学先決定の在り方については、この提言を受け、すでに学校教育法施行令が改正され、見直しがされている。本人の障害だけでなく、さまざまな教育環境等も含めて総合的に就学先を判断するようになった。

合理的配慮と基礎的環境整備の充実については、二〇一六年四月に、その不提供の禁止を法的義務とする「障害者差別解消法」が施行されることで、一気に加速することが期待される。国民が情報を共有するために設置された「インクルーシブ教育システム構築支援データベース（通称「インクルDB」）」もその実践事例が一三〇余りに達している。

また、インクルーシブ教育システム構築事業などにより、支援のための仕組みづくりや高等学校における支援の内容などについての実践研究も進められている。

予想される学校教育の変化

さて、この先、学校教育はどうなっていくのだろうか。そのときになってみないとわからないことの方が多いのだが、それでは話にならないので、確実にこう変わっていくだろうと私が考える姿を述べてみたい。

① 障害のある子どもが通常の学級で学習する機会が増えるだろう

交流及び共同学習の機会を増やすことで、今まで無意識のうちに除外してきた障害児が、予想していた以上に通常の学級の学習活動に参加できるということが明らかになる。一方で、今まで参加してきていたが、配慮が不足していた面も明らかになるはずである。

また、各学校の特別支援教育体制の整備がさらに進み、ある程度の支援ならば通常の学級でもできるようになる。

その結果として、障害のある子どもが通常の学級で学習し、かつその内容が「十分な教育」と認められることは増えていくだろうと予想される。

② 特別支援学校から地域の小中学校等に転学する子どもが少しずつ増え、過密化、狭隘化が改善されるだろう

先述①の傾向が進めば、当然、少子化傾向に反して増え続けている特別支援学校の児童生徒数は減少傾向に転ずることが予測される。

ただし、特別のニーズを有する子どもの数自体は大

きく変化しないだろうと思われるため、特別支援学級や通級指導を受ける子どもの数は増加、あるいは横ばいで推移するだろうと思われる。

高等学校段階で急激に増加する知的障害特別支援学校の生徒数は、高等学校の特別支援教育体制が整えられるに従い、減少していくはずである。そのためには早急に高等学校における通級による指導を制度化し、かつ充実させなければならないだろう。

③ 合理的配慮の提供が進み、ICT機器等の使用が当たり前になっていく

発達障害者支援法ができたときにも、理念法であること、罰則規定がないことなどからその効果が疑問視されたが、発達障害者支援は格段の進歩を遂げた。同様に障害者差別解消法の施行により、何が合理的配慮なのか、何が権利侵害なのかということが明確になり、各機関はむしろ合理的配慮の提供に取り組みやすくなるのではないだろうか。学校現場にはさまざまな慣行や明文化されない観念があり、それが今までは合理的配慮の実施を妨げていた。そういった、こだわりを捨てて、実を上げることが期待される。

また、現在、「デジタル教科書」の位置付けに関する検討会議で検討が進められているデジタル教科書が、学校現場に導入されるのはそう遠くない未来のことだと思われる。これも合理的配慮を推し進めることにつながるはずである。

④ 合理的配慮の範囲がだんだん広がり、そのレベルは上がっていく

初めて行うことは、どんなことでもたどたどしいが、経験を重ねるうちに、「どうしてこんなことが難しいと思ったのだろうか」というほど当たり前にできるようになっていく。

例えば、聴覚障害のある人が会議に参加するならば、手話通訳等を手配する必要がある。最初は煩雑かもしれないが、慣れてくればすぐに手配できるようになる。そうすると「要約筆記も加えてほしい」という配慮要求にも余裕をもって対応できるようになるのである。だから、今から一〇年後には、かなりのレベルの配慮まで合理的、つまり体制的、財政的に過度の負担を課すことなくできるようになるのではないだろうか。

⑤ 子どもの多様化が進み、通常の学級でも個別の教育課程が作成されるようになるだろう

これは遠い将来の話になるかもしれない。通常の学級にさまざまな発達段階の子どもが在籍し、共に学ぶ場合に、全員が同一の教育課程で学習することは困難である。逆に、同一の教育課程で学習しなければならないのであれば障害児は通常の学級では一部分しか学べないということになる。現在、特別支援学級や通級による指導で認められているような特別の教育課程を編成することを通常の学級だけに在籍する子どもにも認めることができるようになっていってほしいと思う。

そのためには学級定員を減らすことが必要で、一律に減らすことは困難なので、イタリアのように障害児が在籍する場合には定員を少なくするというような工夫をすればよい。また、学級の中に複数の教育課程を共存させることはニュージーランドで行われている。

ニュージーランドでは、すべての子どものカリキュラムが一本化され、レベル一の初歩からレベル八の義務教育修了段階まで示されている。そして義務教育は一三年間である。学級編成は学年別になっているので、入学時、つまり一年生は全員がレベル一から学び始める。二年生に進級するときにレベル二に入る子どももいれば、引き続きレベル一を学び続ける子どももいる。各自の学習進度に応じて、適切なレベルの学習を行えるようになっているのであるが、教師の指導は大変である。二グループを同時に教えなければならない。そして三年生になると、レベル一から三までの子どもが混在するから三グループを教えることになる。現地の話では、一人の教師が三グループ程度のグループ学習を行うことが一般的なのだそうである。

独特のグループ別指導のノウハウはあると思うが、一人一人の習得状況に応じて学習内容を決定するところは、たいへん理に適っているように思われた。わが国でも、このような発想で、教育課程を変更したり調整したりすることができれば、本人に合わせた学習が展開できるし、多様な子どもが共に学ぶ場合にも応用できると思われる。

もちろん、学級定員の問題や教員配置の問題、指導技術の問題などを解決しなければならないが、ICT機器等をうまく使えば、その壁も乗り越えられるのではないかと予想している。

多様性に対応できる教育

多様性はこれからの時代を示すキーワードである。多様化した社会においては、「すべてがこうでなければならない」という硬直化した思考法でなく、「これもよいけれどこっちもよい」という柔軟な思考法が求められるだろう。「すべての障害児は通常の学級で学ばなければならない」というより、「通常の学級で学ぶこともよいが、特別の場で学ぶこともよい」という考え方が、これからの時代に適合していると私は考える。

人は誰もが幸せになりたいと考えている。しかし、その幸せの形はみな異なっている。どのような教育を受けたことが幸せだったのか、それはその人にしか判断することができない。とすれば、ある個人が自分なりに「自分の人生が幸せであったかどうか」判断することができるような力を育むことが教育の最低限の役割であり、それは今後も不変なのではないかと思う。

〔文献〕
(1) 中央教育審議会初等中等教育分科会「共生社会の形成に向けたインクルーシブ教育システム構築のための特別支援教育の推進（報告）」二〇一二

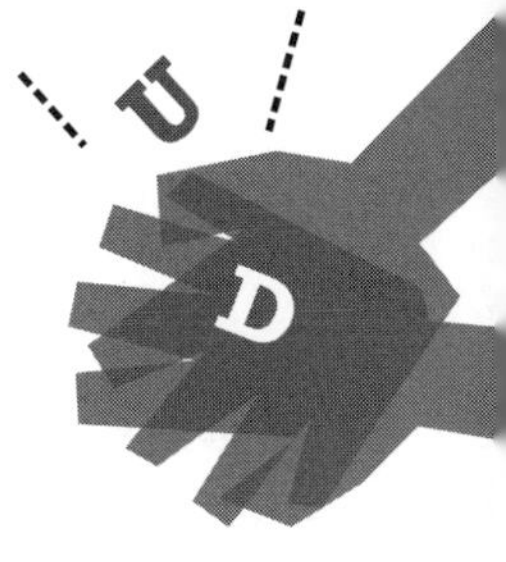

インクルーシブ教育システムと合理的配慮

——通常学級での合理的配慮に焦点を当てて

廣瀬由美子《ひろせゆみこ》

1 はじめに

「障害者の権利に関する条約」（以下は障害者権利条約）が発効され、「合理的配慮」という用語と共に、障害のある幼児児童生徒への差別について、あらためてクローズアップされている。

とくに、「障害者基本法」や「障害を理由とする差別の解消の推進に関する法律（以下、障害者差別解消法）」では、不当な差別的行為はもちろんのこと、本人や保護者が希望する「合理的配慮」を行わないことも、差別に値するとされている。

そのため、文部科学省のインクルーシブ教育システムの構築に向けたモデル事業の実施により、障害特性に対応した合理的配慮の内容や、実施方法の知見が蓄積されつつある。

また、有識者会議などでは、障害者差別解消法における教育分野での対応指針なども提示されている。

このような状況を踏まえ、本稿では、「共生社会の形成に向けたインクルーシブ教育システム構築のための特別支援教育の推進（報告）」（1）を基底にして、通常の学級における合理的配慮について述べていく。

○ インクルーシブ教育システムの構築

(1) インクルーシブ教育システムの意味

耳慣れない用語であるが、インクルーシブ教育システムとは、障害者権利条約第二四条（教育）で明記されている理念である。インクルーシブとは、「包括的な」「包容的な」といった意味であり、インクルーシブ教育システムとは、「包み込むような教育制度」と理解できる。端的に述べると、障害のある子どもと障害のない子どもが、共に学ぶことができる仕組みを目指すことを意味している。

(2) 共に学ぶということ

インクルーシブ教育システムという理念を実現するために、まずは障害の有無にかかわらず、子どもたちが一緒に生活し、共に学ぶことが可能な環境の構築が重要である。

「共生社会の形成に向けたインクルーシブ教育システム構築のための特別支援教育の推進（報告）」(1) では、「それぞれの子どもが、授業内容が分かり学習活動に参加している実感・達成感を持ちながら、充実した時間を過ごしつつ、生きる力を身に付けていけるかどうか、これが最も本質的な視点であり、そのための環境整備が必要である」と述べている。

また同報告では、子どもたちが「障害」について正しい知識を得ることや、自己理解・自己肯定感を高め、多様な人の存在を理解するための学級づくりについても言及している。

したがって、通常の学級担任においても、障害のある児童生徒を含めた教育的ニーズの多様な集団に対し、学級経営という軸と授業という軸を連動させながら、どちらも質の向上を図る必要がある。

(3) 合理的配慮

障害のある児童生徒が通常の学級に在籍し、障害のない児童生徒と共に学び続けるためには、彼らに対してさまざまな配慮が必要になる。

この配慮については、従来から学級担任が実施してきたことではあるが、配慮の視点や内容、実施状況は、系統立てて整理されているわけではない。ゆえに、障害のある児童生徒に対する配慮内容や実施状況は、地域や各学校の環境、学級担任や教科担任による意識や経験知によって異なっているのが現状である。

「共生社会の形成に向けたインクルーシブ教育システム構築のための特別支援教育の推進（報告）」(1)では、障害のある児童生徒が通常の学級において学ぶ際の合理的配慮の具体的な観点例が示されている。

この合理的配慮は、従来実施されている配慮を想定しつつも、地域や学校などの環境を踏まえ、必要な配慮を個別に行うことである。ゆえに、合理的配慮の具体を決定するプロセスが重要となる。

合理的配慮の具体的な観点は、（一）教育内容・方法、（二）支援体制、（三）施設・設備と大きく三つに分類されている。本書のテーマでは、（一）の教育内容・方法が密接に関係するので、その観点を列挙する。

教育内容の観点例では、①学習上又は生活上の困難を改善・克服するための配慮、②学習内容の変更・調整がある。教育方法では、①情報・コミュニケーション及び教材の配慮、②学習機会や体験の確保、③心理面・健康面の配慮がある。

合理的配慮の決定プロセス

通常の学級に在籍する障害のある児童生徒に対し、合理的配慮を実施する場合、重要なことは決定までのプロセスだと考える。そこで、モデル事業で実践研究の対象となった児童の例を示しながら、重要だと思われるポイントを解説する（図1「対象児童の合理的配慮決定プロセスと具体例」）。

①特別支援教育コーディネーターは、本人の希望、保護者の思い、学級担任の考え等を聞き取り、内容を整理する。その際、抜かしがちなのは本人のニーズであるが、本人がどのような思いを持っているのか、そのニーズを確認することが最も重要である。

②特別支援教育コーディネーターが調整役となり、保護者と学級担任で合理的配慮の内容、優先順位を協議する。その際、特別支援教育コーディネーターや担任は、本人や保護者の思いを丁寧に受け止め、学級で実施可能な内容を導き出し、学級でできることや、校内のリソースでもできることを整理し、共通理解を図る。

ポイントは、対象児童生徒に必要な配慮を行わなけ

〈概要〉
・4年　通常の学級在籍
・知的発達水準は境界域である。全般的に基礎学力が定着していない。
　→特に加減の計算，かけ算九九が曖昧で計算力が身に付いていない。
　→特に漢字の読み書きが困難で，繰り返し練習しても定着しにくい。

〈保護者の思い・要望〉
1　宿題や漢字練習，自学をやらないのでやれるようにさせたい（困っている）。
2　音読がたどたどしいので，スラスラと音読できるようにさせたい。
3　漢字が書けないので，書ける漢字を増やすようにさせたい。
4　計算もできるようにさせたい。
5　家庭では，母親の言うことを聞かないことが多いので，聞くようにさせたい。

〈本児の願い〉
1　国語の音読がスラスラと読めるようになりたい。
2　計算問題を間違わずに解けるようになりたい。

〈通常の学級担任の思い・要望〉
1　計算が困難。繰り上がりや繰り下がり，九九の言い間違いもあり，かけ算（3桁）・わり算（2桁でわる）をできるようにさせたい（8の段・9の段は未習得）。
2　漢字の読み書きを，正しく覚えられるようにさせたい（現状では，2年生前半程度の読み書きが可能）。
3　文章を読んで立式できるようにさせたい（文章を正しく読めないために，言葉の意味理解が困難）。
4　宿題を忘れたときなどの困った場面では，自分から言い出せるようになってほしい。

〈保護者との協議から学校で実施する配慮について〉
●各種心理検査や学習の習得状況から，当該学年の目標全てを到達することは困難であるため，まずは，国語科および算数科の2学期以降の各単元の目標を個別に重点化し，学習の到達レベルを焦点化する。
●学級担任による放課後学習（かけ算九九等の定着）を実施する。
●特別支援学級での定期的な教育相談で学習の補充をする。

1　デジタル教科書からルビをふった教材を用意するとともに，ボイスレコーダーに国語の教科書の範読を録音し「聞く」宿題とする。
　（文節の区切り，ルビふり。家庭学習や宿題は，ボイスレコーダーで国語の教材文を聞くこととする。→宿題の変更）
2　漢字練習や漢字ドリルは練習量を軽減するとともに，読みと書きの分量を本児の実態に即して変更する。
　（ドリルの書き込みとピンクノート・下学年の教材を随時取り入れる）
　（読みを重視する・漢字力テストも対応を変える）
3　板書を視写する量を軽減するため，貼付シートやワークシートを準備する。
　（視写は可能であることから，特に算数科の理解の糸口として貼付シートやワークシートを活用する）
4　学習に集中できるよう座席の配置やペア学習等の学習形態を工夫する。
　（隣の座席はけんかにならない人を配置，前列にする）
5　算数科・国語科では，学習する単元等の目標や内容を対象児の実態から検討する。
　（2学期の学習単元から，目標の重点化を個別に図る）

〈通常の学級担任が実施する配慮〉
1　デジタル教科書からルビをふった教材を用意し，音読できるようにするとともに，ボイスレコーダーを活用する。
2　自分で取り組めるよう漢字練習や漢字ドリルは内容と量の側面から軽減する。
3　課題解決に導くため貼付シートやワークシートを準備する。
4　学習が理解できるよう座席の配置やペア学習等の学習形態に随時配慮する。
5　国語科および算数科では到達する目標を重点化して，学習する内容を調整する。
6　算数科では，操作活動や視覚的に理解できる教材を準備し，学習が理解できるよう配慮する。（ICT　iPad の活用）

〈特別支援学級担任の総合的な支援と教育相談時での配慮〉
1　学級担任や保護者，合理的配慮協力員等と共に，本児の学習状況や実態に合わせ授業での目標や内容の重点化を検討すること，さらに宿題の在り方を独自に考える。
　（例えば，ボイスレコーダーに国語科教材の範読を録音し，通常の学級担任の行う配慮を支援する）
2　TT として通常の学級で個別支援を行う。
3　教育相談の時間では，宿題等を自力で行う方法を指導するとともに，本児と担任の支援の調整を行う。

図1　対象児童の合理的配慮決定プロセスと具体例

れば、他の児童生徒と同じ活動が難しくなると認識することである。

事例は、文字の読みが十分でない対象児の音読宿題で、範読テープを聞いてくることを宿題扱いにしたことである。もちろん、音読が流暢になるための指導や支援、配慮も必要だが、既定の方法だけにこだわると、宿題や学習への意欲が低下し、自信喪失につながってしまう可能性があった。

③特別支援教育コーディネーターを中心に、合理的配慮の内容や実施方法について、ＰＤＣＡサイクルで評価することも重要である。当然だが、児童生徒は成長するし、学級全体の状況も変化するためである。

二　通常の学級における合理的配慮

通常の学級で実施する合理的配慮は、児童生徒の状態や障害特性、および学校や学級などの環境によっても異なってくる。

しかし、必要な配慮の多くは、授業での情報保障である。例えば、視覚障害や聴覚障害の児童生徒には、目や耳から入るべき情報を保障しようと誰でも考えるが、同様に、発達障害の児童生徒にとっても情報保障は必須の配慮視点である。

図2は、国語の授業「ごんぎつね」で使用した、手元で操作できる対象児用のボードである。黒板には

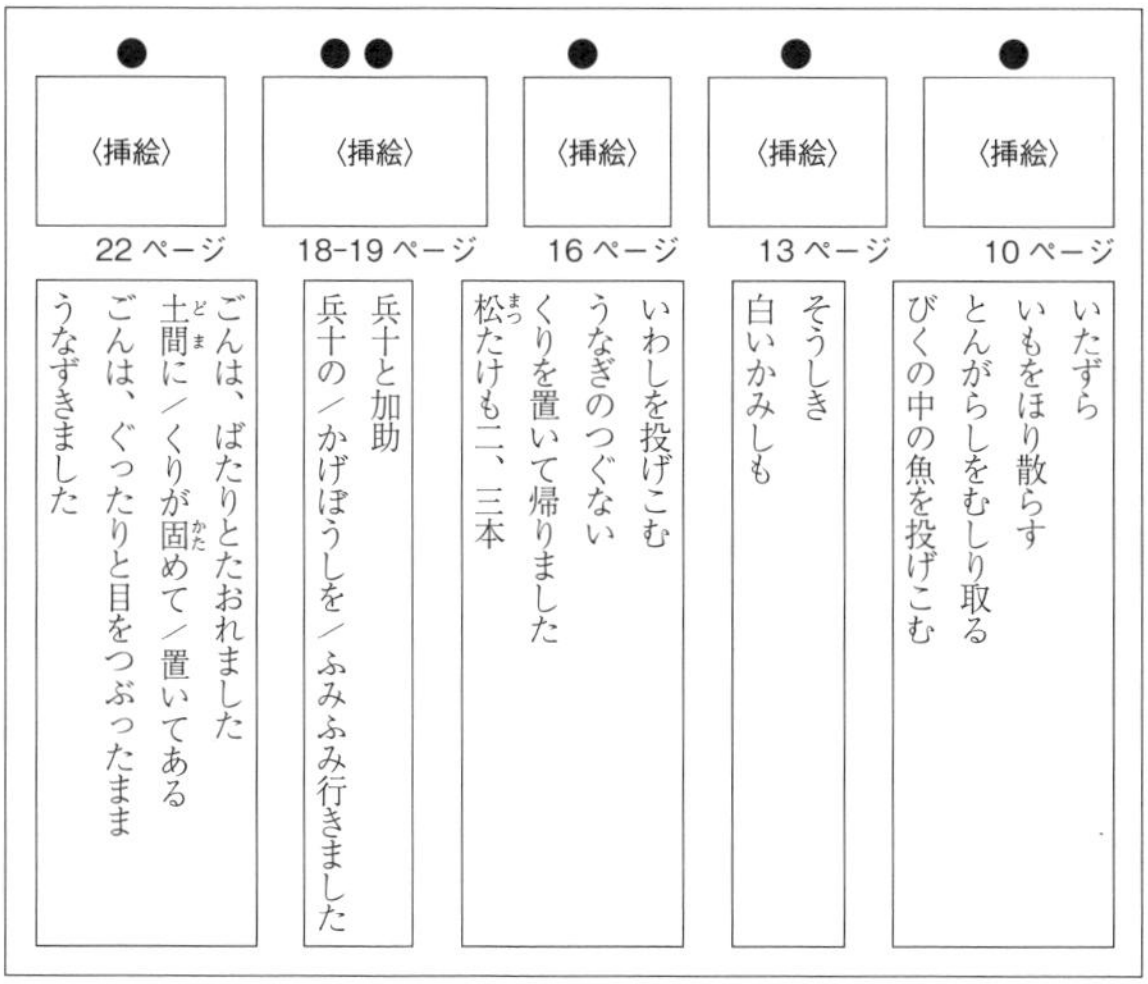

図2　手元で操作できるボード

ボードと同じ挿絵が貼られ、挿絵に関連するセンテンスカードが提示されている。対象児は、距離のある黒板での挿絵と文章の関連の理解に時間がかかり、他児と比べて活動に遅れが出てしまっていた。そのことに気づいた担任は、特別支援教育コーディネーターに相談し、図2のようなボードを作成した。

本事例での合理的配慮は、教育方法における情報・コミュニケーションおよび教材の配慮例である。読み書きが苦手な対象児は、情報の入力保障が必要になる。そのことを対象児から学んだ担任は、さまざまな学習材をアレンジし、対象児の反応を参考にしつつ、同様のニーズがある児童も含め、学級の児童全員が理解できる手立てを授業づくりに取り入れている。

おわりに

先日ある研究会で、インクルーシブ教育システム構築における合理的配慮のことを話題にした。その際、医師の一人から、「合理的配慮の決定プロセスで他業種の専門家は関与しないのか」という趣旨の質問を受けた。合理的配慮は、個別の教育支援計画に反映させることが必須であることから、可能なら医療関係者等にも参画してもらいたいと回答した。しかし現時点では、まずは本人や保護者、関係職員で合議する経験が必要かと考えている。

通常の学級で実施する合理的配慮の在り方は、担任の負担感も少ない、それでいて「理にかなった配慮」を心がけることが大切である。一人の担任が行う合理的配慮では、①児童生徒から見た必要性、②配慮の具体性、③他の児童生徒に対する応用性、④労力の軽減性、⑤連携拡大のための情報の共有性などが重要なポイントだと考える。

〔文献〕

(1) 中央教育審議会初等中等教育分科会「共生社会の形成に向けたインクルーシブ教育システム構築のための特別支援教育の推進（報告）」二〇一二

3

クラス全体を対象にした ユニバーサルデザイン

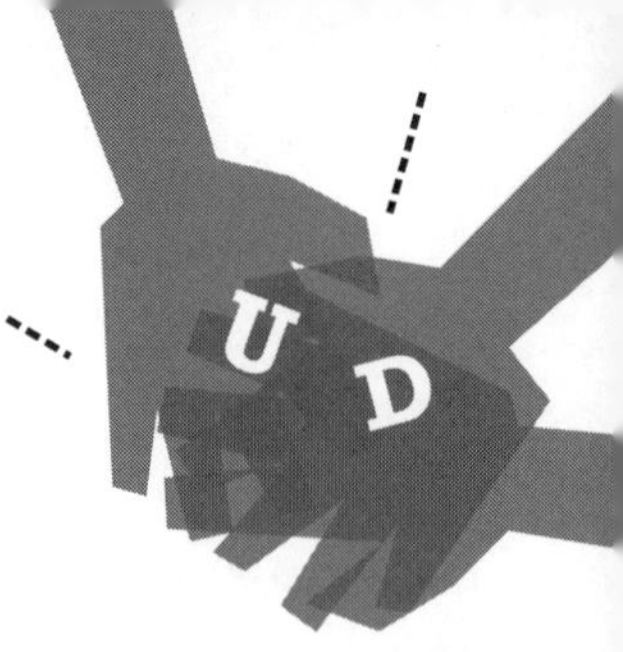

授業のユニバーサルデザインとアクティブ・ラーニング

久本卓人《ひさもとたくと》

学習指導要領の改訂に向けた中央教育審議会答申（二〇一六）は、アクティブ・ラーニングを、「主体的な学び」、「対話的な学び」、「深い学び」の三点で整理するとともに、「単元や題材のまとまりの中で、子供たちの学びがこれら三つの視点を満たすものになっているか、それぞれの視点の内容と相互のバランスに配慮しながら学びの状況を把握し改善していくことが求められる」と述べている(1)。

一方、授業のユニバーサルデザインについて、日本授業UD学会では、「特別な支援が必要な子を含めて、通常学級の全員の子が、楽しく学び合い『わかる・できる』ことを目指す授業デザイン」と定義している。

これらを踏まえ、本稿では、「特別な支援が必要な子を含めて、通常学級にいる全員の子が『主体的な学び』、『対話的な学び』、『深い学び』を実現するための授業デザイン」について、その視点や配慮の例を紹介していく。

「主体的な学び」に向けて

質の高い学びは、子どもの主体性の上に成り立っている。「子ども自身が興味や関心を持ち、見通しを持った取り組みと計画的な振り返りを行いながら学習を進めていく」。そのような授業デザインが必要である。

(1) 学習を子どもにとっての「自分ごと」にする

子どもの主体性を引き出す第一歩は、その学習を、子どもにとっての「自分ごと」にすることである。そのために、「学習内容」と「身近な生活や社会」とのつながりを意識した授業づくりを心がける。「授業で学ぶことは教室の中だけでなく、生活や社会の中でも役に立つ」という学習の有用感や必要感を醸成するためである。

また、何らかの言語活動を設定する際には、目的や相手を明確にする。目的や相手のない言語活動は、子どもにとってただの「ノルマ」である。先生に見てもらうことがゴールであり、子どもの主体性は発揮されない。子どもの目線で考え、「取り組みたい」と思える目的や相手を設定することが大切である。

(2) 見通しの持たせ方と振り返りのタイミングを見直す

「主体的な学び」に関して、ここでは見通しの持たせ方と振り返りのタイミングの二点から授業づくりを考える。

まず、授業の導入においては、ゴールを明示するということが大切である。単に文章で目標等を提示するだけでなく、教師自身が演示したり、上級生の過去の作品を紹介したりすることも効果的だ。それによって子どもたちは具体的なイメージを捉え、「自分もしたい」「上手になりたい」という気持ちを持つことができる。

また、学習の流れについては、子どもたちと一緒に考える姿勢を大切にする。話し合いを通して子どもたちに当事者意識が醸成され、それが主体的な学習態度につながるからである。

なお、学習が進む中で、子どもたちの目的意識や見通しが、当初のものからずれてしまうことがある。子どもたちの思いを踏まえた授業計画の修正は大切だが、「迷子」になってしまう子どもが出ないように、授業の目標や流れを掲示物等で示しておくとよい。

振り返りについては、自己の成長を自覚できることが重要である。そのためには、学習の最後だけでなく、過程における振り返りの場も、計画的に設定していきたい。

2 「対話的な学び」に向けて

子どもは対話を通して自分の考えを整理したり、新たな視点を得たりする。「他の子どもや先生、地域の人との対話、さらには先哲の考え方を手がかりに考えることなどを通して、自己の考えを広げ深めていく」。そのような授業づくりが必要である。

(1) 「人的環境のUD化」を図る

阿部利彦は、教育のUDを「授業のUD化」、「教室環境のUD化」、「人的環境のUD化」の三つの柱で整理している(2)。この三つは、相互作用的な働きを持っており、教師はそれを意識した授業づくりを行いたい。とくに、対話的な学びを実現するためには、「人的環境のUD化」を図ることが欠かせない。

授業の中で行える方法の例として、理科で植物の観察カードを書いた後の相互評価を紹介する。

まず、子どもたちは書き終えた観察カードを自分の机の上に置く。その上で、一人一人が小さい付箋の束を持ち、友だちの観察カードを見て回る。その際、子どもたちは友だちの「いいね」を見つけて付箋を貼っていく。付箋はたっぷりある方がよい。数を絞ると、評価が特定の子どもに集中するからだ。また、付箋にメッセージを書く場合は、一〇字以内の一言のみにする。そうすることで、数分もあれば、学級中の子どもたちが、教師一人がほめる何倍もの肯定的評価を受けることになる。教師が果たすべき役割は、子どもたちが気付いていない大切な視点やポイントを探し、スポットライトを当てることである。友だちから肯定的評価を受けた子どもたちが自らも他者のよさを探し、認めていこうとすることで、認め合いの輪が広がり、安心して表現できるあたたかい学級になっていく。

「人的環境のUD化」を図るための方法は他にも数多くある。授業を含めたあらゆる教育活動を通して、取り組みを充実させたい。

(2) 表現活動の心理的なハードルを下げる

学級の中には、人前で話をすることに苦手意識を持っている子どもたちがいる。単に「がんばりなさい」と言うだけでなく、それぞれの子どもの特性を踏まえ、表現活動の心理的なハードルを下げるようにしたい。

具体的な方法の一つは、表現の場のスモールステップ化を図るということだ。いきなり大勢の前で発表させるのではなく、個人で考えを書きだす場、ペアやグループで話し合いを行う場など、課題の難易度や子どもの実態に応じて段階的に表現の場を広げていくとよい。

また、子どもが特性に応じて多様な表現方法を選べるように、教室環境の整備や学級のルールづくりを行いたい。ＩＣＴ機器や小型のホワイトボード等を用意しておき、自由に使用できるようにすると、子どもたちは音声言語以外の情報を補いながら説明することができる。発言をするときには、一律に起立を強制するのではなく、立って話すことのよさを伝えた上で、どうするかを本人に選ばせるとよい。どの子どもも安心して対話に参加することができ、徐々に自信をつける中で立って話せるようになっていく。

焦って結果を出そうとするのではなく、長いスパンで育てていくという姿勢が重要である。

「深い学び」に向けて

ドリル学習によって単に知識量を増やすだけでは、深い学びは実現しない。「知識を相互に関連付けて理解したり、考えを形成したり、問題を見いだして解決策を考えたりする」。そのような授業デザインが必要である。

(1) 考える手がかりを与える

全員の子どもの「深い学び」を実現するためには、考える手がかりを与えることも必要である。

その手がかりの一つとして有効なのが「思考のズレ」である。「思考のズレ」とは、子ども同士における見方や考え方の違いである。漠然と「しっかり考えましょう」と投げかけるのではなく、見方や考え方の違いに着目し、その理由や根拠を比較させることが、発見や新たな考えの形成につながるのである。

また、提示する情報については、その学習のねらいと子どもの実態を踏まえて、適正な量になるよう配慮をする。たとえば、社会で、屏風に描かれた絵を見ながら当時の文化について考える学習を設定したとする。教科書に載っている屏風の絵をそのまま提示して考えさせると、子どもの着眼点が多様になりすぎて学びが深まらないということがある。逆に、情報を絞りすぎると考える手がかりが足りず、家庭学習等であらかじめ知識を持っている子どもだけが、それを発表する授業になる。提示する情報の量については、子どもが考えを形成する上で過不足がないということが重要である。

(2) ノートやワークシートを「書き写す道具」にしない

ノートやワークシートが単に板書を「書き写す道具」になっている子どもを見かけることがある。もちろん、学習したことを書き留めて、知識の定着を図ることは大切だ。しかし、ノートやワークシートの最も大きな役割は、情報を視覚的に整理して思考の深まりを助けることである。

では、そのためにどのような支援や配慮をすればよいのだろうか。

まず、枠や記号の使い方に統一感を持たせたり、一つの問題解決の過程を俯瞰できるレイアウトにしたりするなど、ノートやワークシートの構造化を図る。子どもが情報の関係を捉えやすくなり、それが新たな発見や考えの形成につながるからである。

また、情報を整理する道具としてベン図やマトリックス表などの図表を活用することも効果的だ。付箋を使うなどして情報を物理的に動かすことができれば、協働的に考えを形成していくこともできる。

なお、図や文章を書かせる場合は、子どもの実態に応じた活動量になるよう配慮をしたい。事前に何種類かのワークシートを用意しておいて、それぞれの子どもが選べるようにすることも、方法の一つである。

〔文献〕

(1) 中央教育審議会「幼稚園、小学校、中学校、高等学校及び特別支援学校の学習指導要領等の改善及び必要な方策等について（答申）」二〇一六
(2) 阿部利彦（編著）、授業のユニバーサルデザイン研究会湘南支部（著）『通常学級のユニバーサルデザイン　プランZero』東洋館出版社、二〇一四

▼教科別・ユニバーサルデザインの視点を活かした授業づくり

国語科

国語授業のユニバーサルデザイン

――三年「すがたをかえる大豆」の授業における指導の工夫

桂《かつら》　聖《さとし》

1 国語授業のユニバーサルデザイン

文部科学省の調査では、通常学級には、発達障害の可能性がある子が六・五パーセント以上いることが明らかになった。こうした**気になる子を含めて**、クラス**全員の子どもが、楽しく学び合って「わかる・できる」国語授業をつくるというのが、国語授業のユニバーサルデザイン**（以下、国語授業UDとする）である。

自分の反省も含めて言えば、国語の授業は、わかりにくくて楽しくないものが多い。まずは、国語授業そのものを、楽しくてわかりやすいものにすることが大切である。これを**「指導の工夫」**と言う。

ただし、「指導の工夫」をしても、活動が停滞する子もいるかもしれない。その場合には**「個別の配慮」**が必要になる。たとえば、話すことが上手でも、ノートに書くことが難しい子がいる。こうした子が書く時には個別指導をする。

また「授業内での個別指導」だけでは難しい場合には、「授業外の個別指導」も必要である。事前指導や事後指導、もしかしたら、通級による指導も行った方がいいかもしれない。こうした授業外での個別指導を**「個に特化した指導」**と呼ぶ。

通常学級における国語授業UDでは「**①指導の工夫**

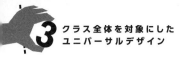

→②個別の配慮（授業内での個別指導）→③個に特化した指導（授業外での個別指導）」という「三段構えの指導」で、クラス全員の子どもを支えていく。

本稿では、三年生「すがたをかえる大豆（国分牧衛）」（『平成二七年度版小学校国語三下あおぞら』光村図書出版）の授業づくりを例に、とりわけ「指導の工夫」のあり方について紹介することにする。

「論理」を授業の目標にする

「指導の工夫」を図るには、まずは「論理」を授業の目標におくことが大切である。「論理」とは、「論理的な話し方・聞き方」「論理的な書き方」「論理的な読み方」である。

説明文の授業で「論理」を指導することは当たり前のように聞こえるが、実は、そうではない。たとえば「すがたをかえる大豆」の授業では、「大豆をおいしく食べる工夫」「大豆食品の種類」の理解を図ることが多い。確かに、こうした内容理解も大切だが、その理解を支える「中心文のとらえ方」等を明示的に指導しているとは言い難い。

教材「すがたをかえる大豆」は、「はじめ・中・終わり」の三段構成になっていて、その「中」では、大豆をおいしく食べる工夫として「五つの事例」（五つの段落）を取り上げている。そして、それらの中心文は、すべて段落の一文目に書かれている。各段落の一文目に注目すれば、中心文が簡単にわかる。この「中心文のとらえ方」は、他の文章にも「使える読み方」である。

国語が苦手な子は、「論理」を意識せずに文章を読んでいることが多いが、得意な子さえも意識することなく読んでいることもある。読み方を明示的・系統的に指導することは、国語が苦手な子だけではなく、得意な子のためにもなる。

「焦点化」「視覚化」「共有化」を図る

「論理」を授業の目標にした上で、授業で「焦点化」「視覚化」「共有化」を図る(1)。

まず、授業を「焦点化」するとは、授業のねらいや

活動を絞ることである。たとえば「中心文のとらえ方」を指導する場合、すべての段落を扱って指導したくなる。だが、文章には、中心文がわかりやすい段落もあれば、わかりにくい段落もある。私が行う「すがたをかえる大豆」の授業では、「中」の事例の③段落だけを取り上げて、「中心文のとらえ方」だけに絞って指導する。そして、次の時間では、その読み方を使って、「中」の他段落の中心文を子どもの力で見つけさせる。さらに「はじめ」「終わり」の中心文は、わかりにくいので、あまり深入りせずに教師がさっと教える。このように、指導に軽重をかけることも重要になる。

　多くの情報を扱うと、理解の速度が遅い子や複数の情報を処理することが苦手な子は、混乱しやすい。ねらいを一つに絞って、活動をシンプルにした方が、どの子どもにとっても、わかりやすい授業になる。

　次に、**授業を「視覚化」するとは、視覚的な手がかりを効果的に活用すること**である。たとえば、③段落は、次のように記述されている。

> いちばん分かりやすいのは、大豆をその形のままいったり、にたりして、やわらかく、おいしくするくふうです。いると、豆まきに使う豆になります。水につけてやわらかくしてからにると、に豆になります。正月のおせちりょうりに使われる黒豆も、に豆の一つです。に豆には、黒、茶、白など、いろいろな色の大豆が使われます。

　この段落を読んで「中心文はどれかな?」と問いかけるだけでは、子どもにはわかりにくい。

　そこで、次のようにステップをふんで授業を行う。

　まず、煮豆等の写真を見せて、「どの写真がどの文に当てはまるか?」を話し合い、図1のように確認する。

　すると、②~⑤文目は、当てはまる写真があるが、①文目に当てはまる写真はないことに気づく。もしも「いや、①文目には、全部の写真が当てはまるよ」という声があれば、それも認める。①文目は、すべての文をまとめていることに気づいているからである。

　次に「ところで『ジャガイモ』『野菜』『ニンジン』『キャベツ』という言葉のカードが四枚あるなら、どのように並べる?」と尋ねて、図2のような並べ方を確認する。

　図2によって、抽象的な言葉と具体的な言葉がある

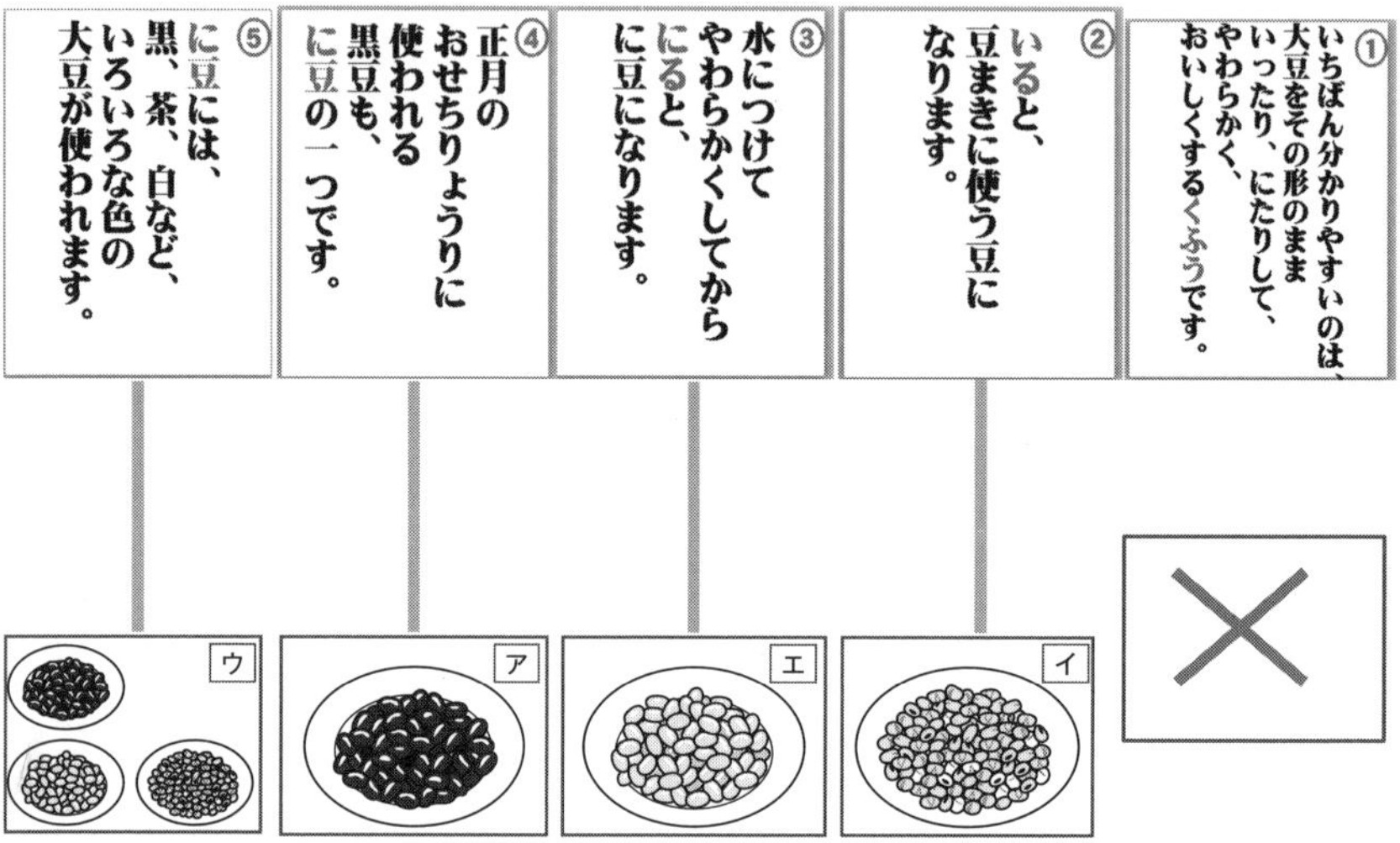
①
いちばん分かりやすいのは、
大豆をその形のまま
いったり、にたりして、
やわらかく、
おいしくするくふうです。
②
いると、
豆まきに使う豆に
なります。
③
水につけて
やわらかくしてから
にると、
に豆になります。
④
正月の
おせちりょうりに
使われる
黒豆も、
に豆の一つです。
⑤
に豆には、
黒、茶、白など、
いろいろな色の
大豆が使われます。
イ
エ
ア
ウ

図1　文と写真の対応

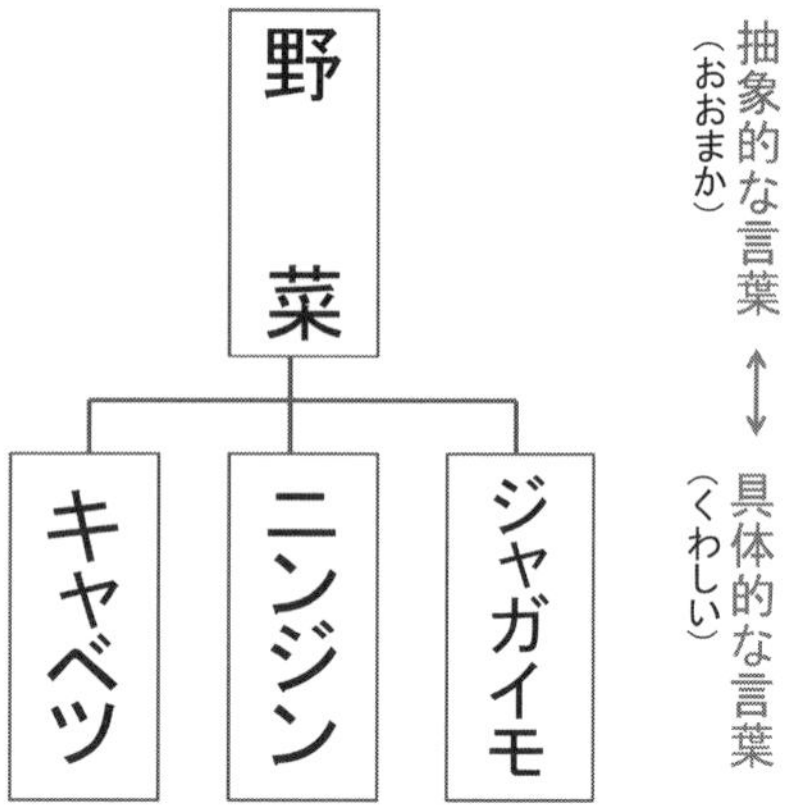
抽象的《ちゅうしょうてき》な言葉（おおまか）
↕
具体的《ぐたいてき》な言葉（くわしい）
野菜
ジャガイモ
ニンジン
キャベツ

図2　言葉の関係図

ことを確認した上で、「文にも、抽象的な文（大まかな文）と、具体的な文（詳しい文）があります。①〜⑤の文のうち、どの文がおおまかな文かな？」と問いかけて話し合わせる。

　視覚的な手がかりには、写真、動画、挿絵、図表、動作化、劇化、センテンスカードなどがある。だが、単にこれらを使えばよいのではない。大切なのは「効果的」に使うことである。先の例で言えば、「中心文のとらえ方」を理解するために、写真と文を関係づけたり、言葉の図を提示したりすることで、イメージをもちながら、中心文を選べるようになる。こうした視覚的な手立てが教科のねらいに通じることが大切になる。

最後に、**授業で「共有化」を図るとは、話し合い活動を組織化すること**である。

一般的には「挙手—指名」方式で授業を進めることが多い。だが、「挙手—指名」方式だけだと、次第に、理解力が優れる二、三名の子だけで授業を進めることになりやすい。一部の子だけが参加する授業にならないように、教師は、話し合い活動を組織する必要がある。

たとえば、課題に対してペアで話し合う、全員が立って一斉に自分の考えを話す、ある子が説明したことをペアの子に自分の言葉で説明する等、表現活動を小刻みに取り入れる。

全体の話し合い活動で、発言者の話をじっと聞くことが苦手な子がいる。ペアの話し合い活動では、相手が限定されるので、自分が表現することに集中しやすい。また、起立して話し合うと気分転換にもなる。

ただし、単に、ペアの話し合い活動を取り入れるだけでは、共有化とは言えない。

たとえば、教師は、ペアの話し合い活動の様子を見ておいて、活動が停滞しているペアには話し合い活動の調整役をする。ペアの話し合い活動での発言内容を聞き取っておいて、全体の話し合い活動で意図的に指名する。

つまり、子ども一人一人の学習活動に対する「評価と指導」こそが共有化の本質である。

教材のしかけ「一〇の方法」

国語授業UDの具体的な手立てが「教材のしかけ」である(2)。次の「一〇の方法」がある。

①順序をかえる　②選択肢をつくる
③置き換える　④隠す
⑤加える　⑥限定する
⑦分類する　⑧図解する
⑨配置する　⑩仮定する

たとえば、先に「視覚化」の例として紹介したものでは、「一文に写真を配置する」「文図を書く」というしかけに当たる。これらを提示すると、「あの写真は、この文だよ！」「一文目が一番上にくるんじゃない？」のように、子どもが話し始める。

つまり、教材にしかけをつくることで、子どもが「考えたくなる」「話したくなる」ようにするのである。

「教材のしかけ」によって、「論理」に関するねらいを「焦点化」することになる。また、「視覚的」に教材を提示することにもなる。さらには「どの文が中心なのか？」という「課題の共有化」や、「一番上にくるのが中心文だよね」などの「理解の共有化」を図ることにもなる。

つまり「教材のしかけ」は、「焦点化・視覚化・共有化」に関する具体的な手立ての一つである。

マンネリ化した活動に気持ちが乗らない子がいる。「教材のしかけ」によって、サプライズのある活動を生み出すことができる。

ただし、やみくもに「教材のしかけ」をつくればよいのではない。子どもの実態に合わせたり授業のねらいに通じたりしてつくることが、やはり大切である。

なお、「焦点化・視覚化・共有化」や「教材のしかけ」は、桂による一つの提案である。国語授業UDには、決まった型やパターンはない。

子どものつまずきやクラスの実態に応じて、教師がオーダーメイドの指導をすることこそが、国語授業UDである。

〔文献〕

(1) 桂聖『国語授業のユニバーサルデザイン』東洋館出版社、二〇一一

(2) 桂聖（編著）、授業のユニバーサルデザイン研究会沖縄支部（著）『教材に「しかけ」をつくる国語授業10の方法』東洋館出版社、二〇一三

▼教科別・ユニバーサルデザインの視点を活かした授業づくり

算数科

算数授業のユニバーサルデザイン

――六年「速さ」の授業における指導の工夫

伊《い》藤《とう》幹《よし》哲《のり》

◆六年生「速さ」導入（教科書：学校図書六年）

《ねらい》速さの比べ方について話し合うことを通して、単位量あたりの大きさの考え方で比べられることを理解し、表現することができるようにする。

一 問題提示

教科書には、四人の走った道のりと時間が表にされている。そのまま全ての情報を提示すると解ける子どもと解けない子どもとの差がかなり開いてしまう。少しずつ情報を提示する必要がある。子どもが解きたくなるように「しかけ」をする。

まず、図1を提示して四人の速さ比べをすることを伝える。走る道のりは途中から隠して見せていく。

T「A君、Bさん、C君、Dさんの四人で走る速さを比べます。誰が速いと思いますか？」

C「えっ、それはわからない！」

C「多分、Dさん。だって、速く走ったように見えた！」

T「今日は四人のうち誰が速いか比べてもらうために、四問クイズを出し

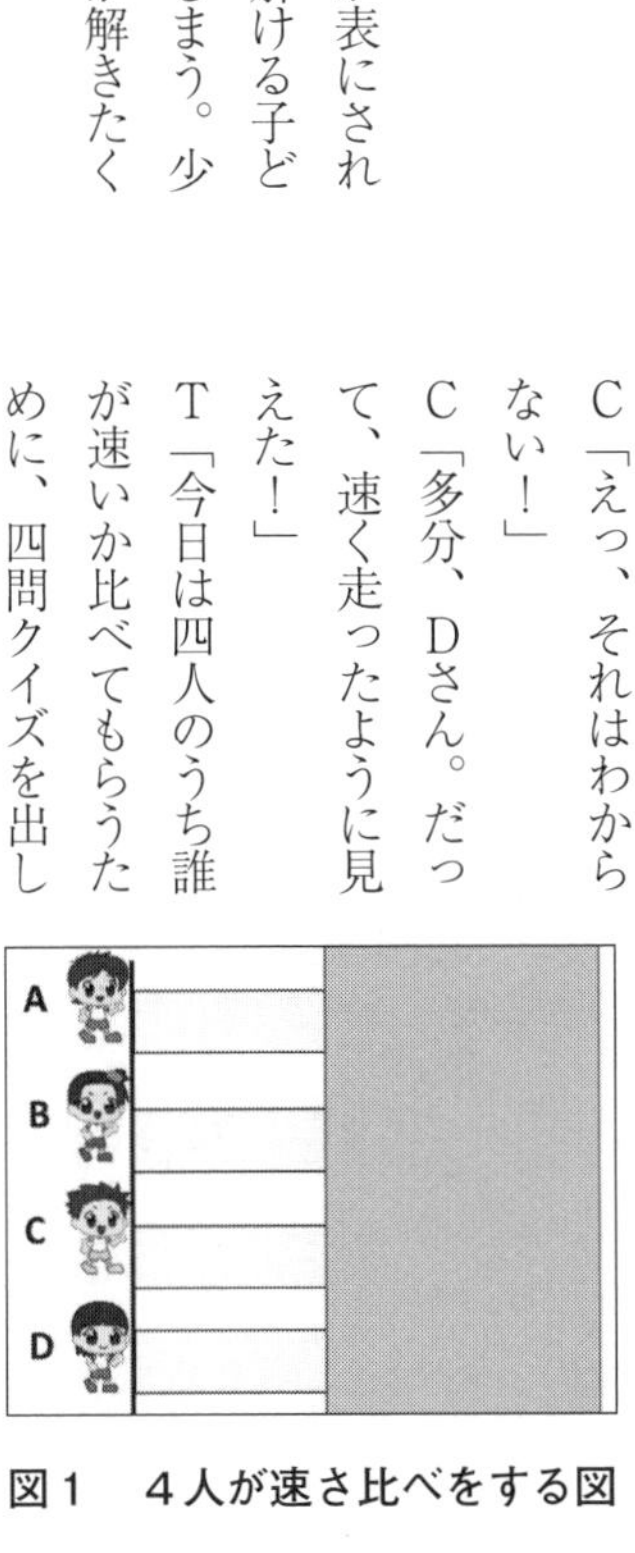

図1　4人が速さ比べをする図

ます。四問できたら終わりです。」

C「やった！　でも、三問目が大体難しいよね（笑）。」

問題数を予告することで時間と活動の見通しをもたせる。同じ活動の繰り返しは見通しももちやすい。

「どっちが速いかなクイズ」

情報不足にして提示して、速さを比べるには時間と道のりが必要であることを引き出していく（図2）。情報が少なければ、注目もしやすい。クイズにすることで発問もシンプルになる。

T「第一問。A君とBさんはどっちが速いかな?」

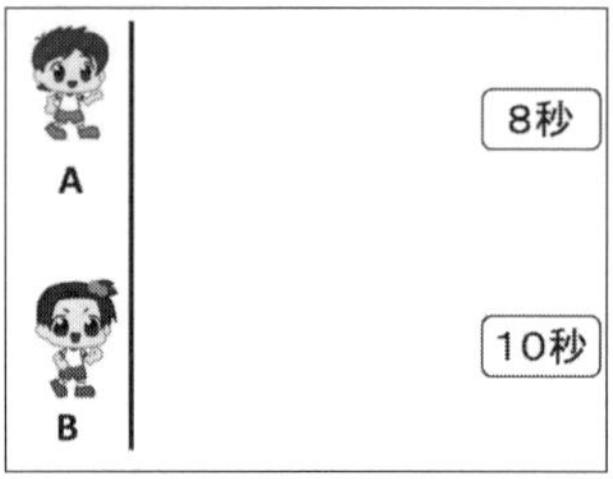

図2　A君とBさんの走った時間だけを示した図

C「Aさんが速い。タイムが速いから。」

C「えっ。短距離と長距離だったらわからないよ。」

T「みんなは短距離と長距離の意味がわかりますか？『例えば』を使って説明できるかな？」

C「例えば、A君が一〇〇mでBさんが一〇〇m走ったとすると、一〇〇mで八秒、一〇〇mで一〇秒になる。そうするとBさんの方が速くなるよね。」

C「あー、そういうことか。」

図3　A君とBさんの速さを比べた板書

T「短距離と長距離の意味が言えるかな？　ペアで確認してください。」～ペアでの話し合い～

T「速さを比べるために何を知りたいですか？」

C「距離！」

C「走った長さは『道のり』という言葉を使います。」

二人が走った道のりを提示する（図3）。

C「わかった！　A君が速い！」

T「本当にA君が速いですか？　ペアで話し合ってください。」～ペアでの話し合い～

C「A君が速いと思います。道のりが同じだったら時

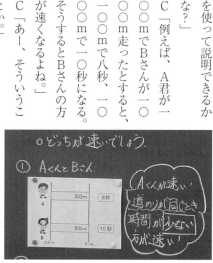

間が少ない方が速いからです。」

全体にも確認して、子どもの言葉で走った道のりが同じ場合の速さの比べ方をまとめる。

T「第二問。C君とDさんどっちが速いかな？」

一問目と同じように情報不足にして提示する（図４）。

C「時間が同じなら速さは同じじゃないかな？」

C「走った道のりがわからないと比べられないよ。」

走った道のりを提示する（図５）。

C「時間が同じだったら速さは同じじゃないの？」

速さを時間で比べることが多い子どもたちの中には理解が難しい子どももいる。ペアで話す時間をとる。

～ペアでの話し合い～

C「Dさんが速い！　だって、時間が同じだったら道のりが大きい方が速い。」

T「本当にDさんが速いですか？　前に出て実際に走ってもらいましょう。」

二人を指名して動作化し、視覚的に理解を促す（図６）。このとき、集中力が途切れそうな子どもに当てれば気分転換にもなる。

T「どっちが速いと言えますか？」

C「Dさん！」

図４　C君とDさんの走った時間だけを示した図

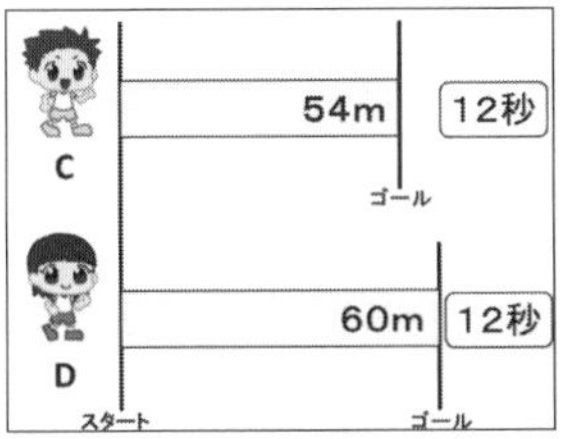

図５　図４にC君とDさんの走った道のりを加えた図

図６　クラスの２人が実際に動作化した様子

時間が同じで走った道のりが違う場合の速さの比べ方について子どもの言葉でまとめる。

　ここまでの活動で「速さの比べ方」についてクラス全員に共通のイメージをつくっておく。共通のイメージをつくる活動が、この後の話し合いの土台になる。

C 時間も道のりも違う場合の速さの比べ方についての話し合い

T「第三問。残り二問！　一、二問目で速かったA君とDさんを比べます。どっちが速いでしょう？」
　時間と道のりの両方の数字が違う場合を提示する（図7）。
C「えっ、時間も道のりも違うから比べられないよ。」
　表を配布して全員に時間と道のりの数字が違うことを意識づける。
T「一問目や二問目と違って時間も道のりも違うから比べられないよね？」
　子どもから『比べられる』を引き出すために逆に問う。

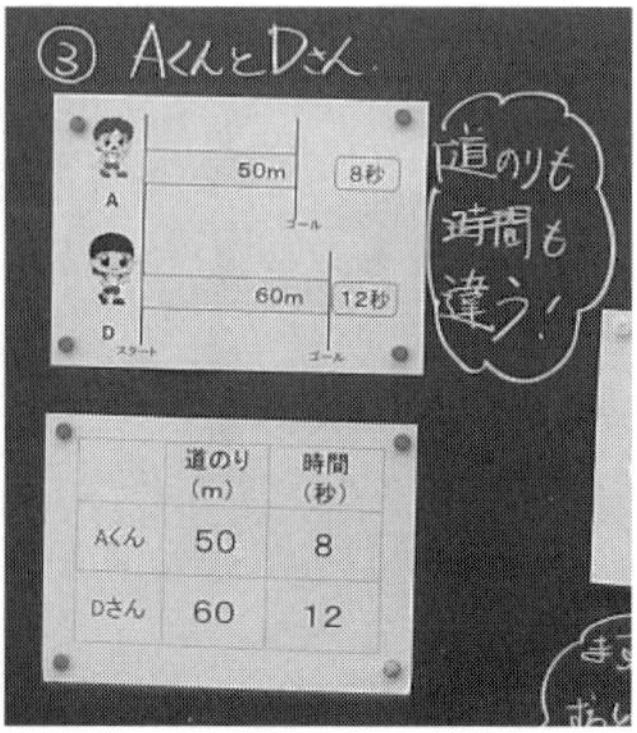

図7　A君とDさんの道のりと時間を提示した板書

C「道のりか時間を揃えれば比べられます。」
T「道のりか時間を揃えて比べられますか？　どっちが速いか考えてみてください。」～一人学び～
　子どもたちが考えている間に誰の考えをどの順番で提示するかを選択する。
T「二人の式を順番に見せます（図8）。まずはH君の式です。H君はこの式でどっちが速いとかいたでしょう？」
C「A君が速い。」
T「本当にそうですか？　H君が計算した式ではDさんの数字が小さいからDさんの方が速いのではないのかな？」～ペアでの話し合い～

C「やっぱり、A君が速い！」

T「H君がかいた答えを確認します。（間を空けて）『A君が速い』です。H君の式でA君が速いって言えるかな？」

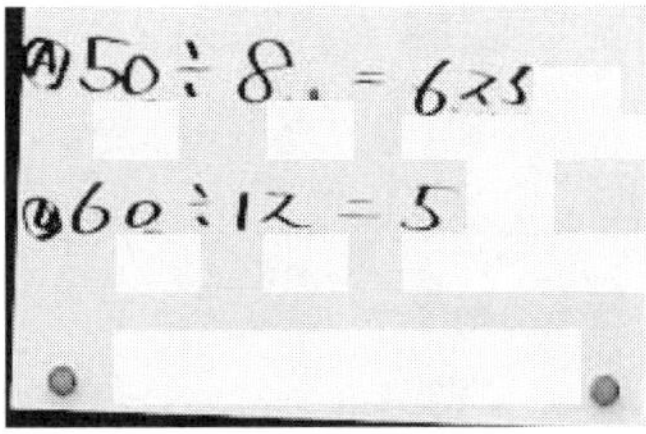

図8　1秒あたりで考えている子どもの式だけを提示した板書

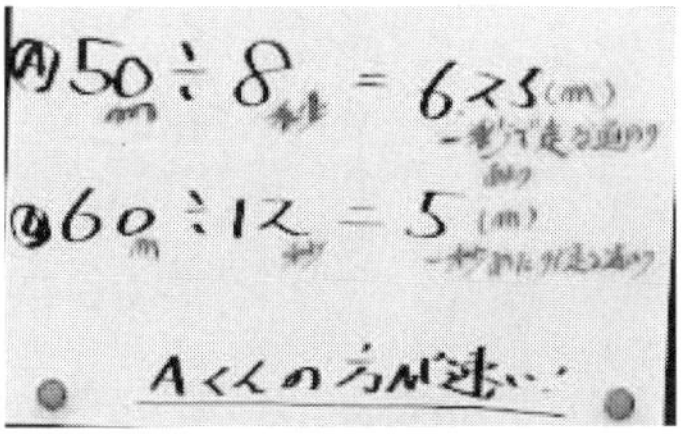

図9　1秒あたりで考えている子どもの式に単位を加えた板書

C「H君は五〇mを八秒で割って一秒あたりに走った道のりを出しているでしょ。」

T「ストップ。今、式に単位をつけていましたね。単位は何÷何でしたか？」

C「m÷秒。」

T「答えの単位は何になりますか？」

C「一秒あたりで走る道のりです。」

　式に単位を板書して見えるようにする（図9）。

C「A君は五〇mを八秒で割って一秒あたり六・二五m、Dさんは六〇mを一二秒で割って一秒あたり五m、だからA君の方が速くなります。」

　H君に合っているかを確認し、H君にも説明を促す。

図10　1秒あたりの求め方についての話し合いの板書

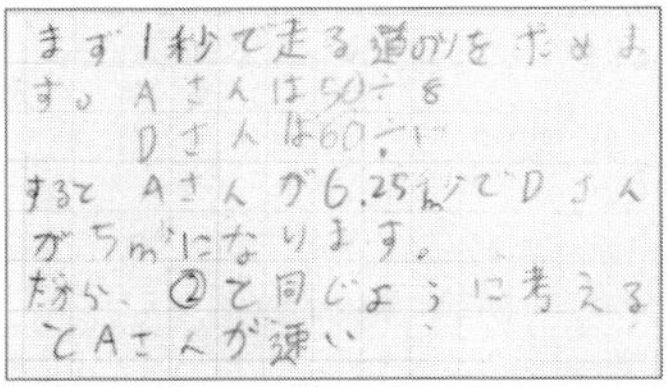

図11　1秒あたりの求め方についてまとめた子どものノートの一部

T「A君が速いことを、図を使って誰か言えるかな?」

図と式をつなぐ発問をして、他の子どもに図で説明できるかを問う。視覚的にも理解を促す（図10）。

T「全員起立。H君のようにA君が速いことをペアで説明できたら座りましょう。」

本時のねらいにかかわるH君の考えを全員が表現できる時間を保障する。説明し合うことが難しいペアには教師がつく。表現がうまかった子どもに確認する。

T「今、話し合ってわかったことをノートにかき残しておきましょう。」

わかったことをノートに再現する活動を仕組む（図11）。かけない子どもには友だちのノートをモデルにするか教科書をモデルにして写すように声をかける。

もう一つの考えの提示

T「KさんはH君とは違う式で『A君が速い』と答えています。Kさんの式でもA君が速いと言えるかな?」

～ペアでの話し合い～

C「Kさんの式は、A君は八秒÷五〇mをして一mあたり〇・一六秒、Dさんは一二秒÷六〇mをして一mあたり〇・二秒。だから、A君の方が速い。」

T「A君の方が計算した数字が小さいのに『A君が速い』となっていいのかな?」

C「だって、一問目と同じで道のりが同じときは、時間が小さい方が速いでしょ。」

ここでも図と式をつなげる発問をして視覚的に理解を促す。

T「H君は一秒あたり、Kさんは一mあたりで速さを比べていますね。～あたりの考えを何といいますか?」

C「単位量あたり」

速さは単位量あたりの考えで比べられることを板書

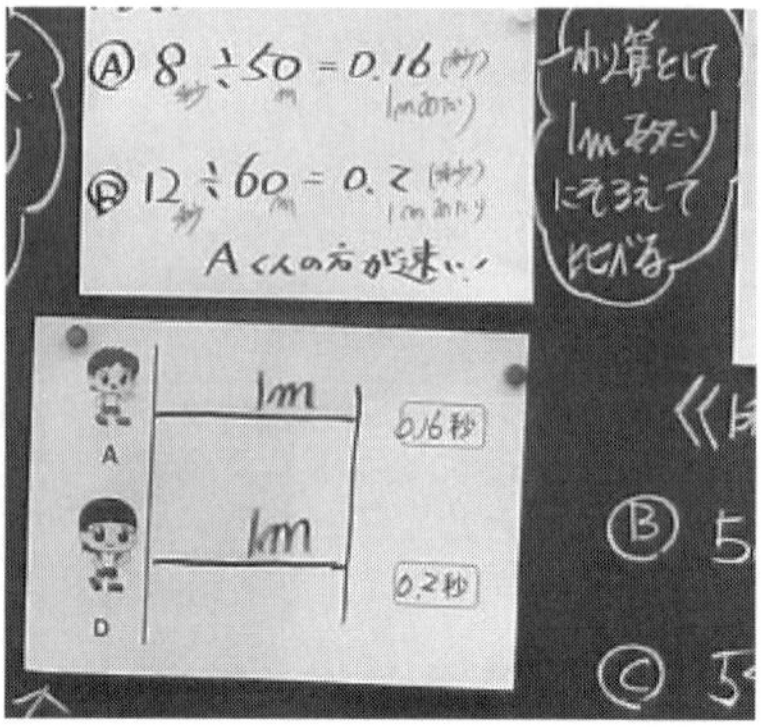

図12　1mあたりの求め方についての話し合いの板書

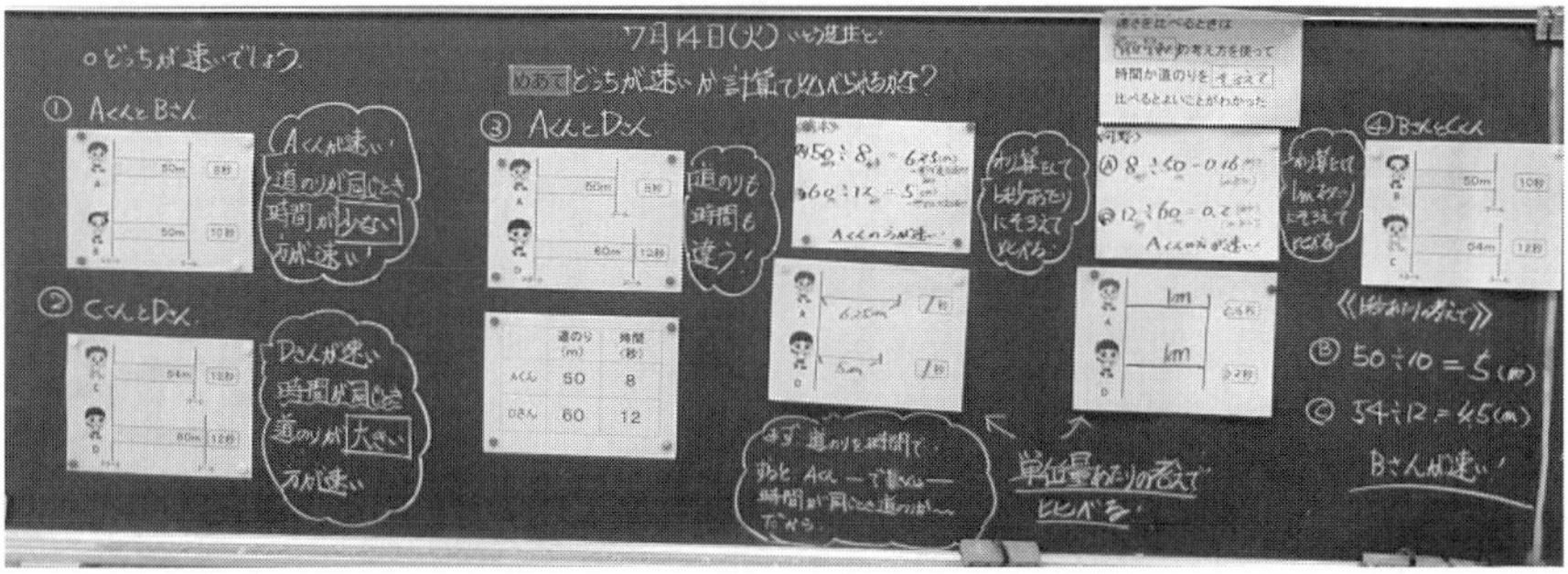

図13　授業終了後の板書

で強調する（図12）。

類題を提示

類題を提示して、H君の考えに限定して解くようにして理解できているかどうかを評価する。

T「一位A君。二位Dさん。第四問。BさんとC君はどっちが速いでしょう？　H君の考えで解けるかな？」

子どものノートを見て○付けをする。解くことができない子どもには、板書を写すように個別に声をかける。

授業のまとめ

《速さを比べるときは○○○○○○の考えを使って、時間か道のりを○○○○、比べるとよいことがわかった》

○に『単位量あたり』『そろえて』を入れて、強調して授業を終えた。

授業前後の支援

授業後には、ノートを確認して解けていない子どもには個別に指導をする。

「単位量あたりの考え」は子どもたちにとっては理解が難しい内容になる。五年生の単位量あたりの学習から間が空いているのに、いきなり速さの学習になると、考え方を忘れてしまっている子どもたちも多い。定期的に宿題等で繰り返し単位量あたりの考え方に触れるように仕組み、理解が苦手な子どもには、個別に指導しておくことも大切な支援である。

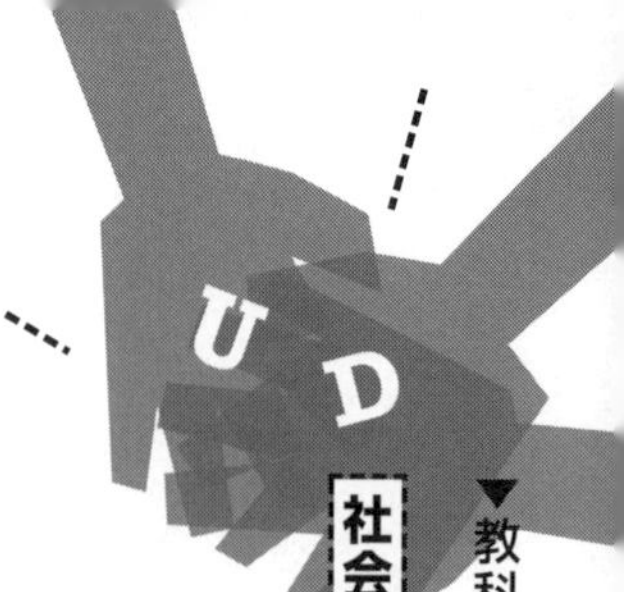

▼教科別・ユニバーサルデザインの視点を活かした授業づくり

社会科

社会科授業のユニバーサルデザイン

村《むら》田《た》辰《たつ》明《あき》

社会的見方・考え方

社会科授業で大切なことは、「すべての子ども」が「社会的見方・考え方」を獲得できるようにすることである。「社会的見方・考え方」とは、「様々な社会的事象に転移可能な汎用性の高い概念」である。たとえば、スーパーマーケットの学習で、「売る人は、お客の好みをしっかり調べて商品を並べているのだな」という概念を得た子どもなら、自動車産業の学習で、同一車種で多種多様なラインナップが用意されていることと消費者の様々なニーズをつなげて考えることは十分可能である。スーパーマーケットの学習で得た見方・考え方が、自動車産業の学習で生きて働くのだ。社会科では、そのような他の事象に転移する見方・考え方を「全員」が獲得できるようにすることをめざす。そのための方法の一つが、社会科授業をユニバーサルデザイン（以下ＵＤ）化することである。さらに具体的に言うと、「焦点化」「視覚化」「共有化」の視点から授業をつくることである。

学習内容を「焦点化」する

多くの教師が社会科授業に苦手意識を持っている。何をどこまで教えればよいのかがわからないと言う。

単元や本時でめざす「社会的見方・考え方」が不明瞭だからだ。教師のわからなさは、子どもの社会科に対するわからなさにつながる。したがって、まずは、単元や本時で子どもが身につけるべき「社会的見方・考え方」を明確にし、焦点化することが必要だ。さらに授業に落とし込むには、この焦点化した内容を具体的にすることが大切になる。授業の節目で、子どもがどのような「まとめの文」を書ければよいかを具体的に考えておくのだ。学習のまとめは基本的には二文で書かせる。一文目は獲得させたい「社会的見方・考え方」に直結する内容を端的に示した文章。二文目は、一文目を具体的に説明した文章だ。一文目はどの子も同じ内容が記されていなければならないが、二文目は具体例なので、子どもによって違ってもよい。では、「まとめの二文」はどのように想定・確定すればよいのだろうか。端的に言えば、学習指導要領に記された内容ということになるが、具体的にイメージしやすい方法として、複数の社会科教科書から導き出すことを勧めたい。複数の教科書に共通していることが、一文目に書かれる内容となる。例えば、沖縄の農業に関する内容で、A社はパイナップルを取り上げて説明し、B社はさとうきびを取り上げて説明しているかもしれない。しかし、どちらの教科書も高温多湿の気候を克服したり、利用したりしながら農業を行っているということは共通しているはずで、そこが一文目に書かれるべき「社会的な見方・考え方」ということになる。パイナップルやさとうきびについては、具体例として二文目に書かれることになる。そのように、まとめの文を確定しておくと授業がぶれず、焦点化を図ることができる。

発問を焦点化する

社会科授業では、発問を焦点化することも大切だ。社会科の発問は、基本的に、When Where Who What How Why Which のいずれかが使われる。UD化したからといって特別な疑問詞が使われるわけではない。何か一つの疑問詞に絞るわけでもない。違うのは「間口のせまい焦点化された発問」の使い方だ。社会科の苦手な子どもや発達障害のある子どもは、具体的に考えさせることが必須だ。

「どんな工夫をしていますか」「何か気づいたことはありませんか」これらの発問は、社会科授業でよくある発問であり欠かせない発問だ。しかしこれが、社会科の苦手な子どもには難しい。教師にとってはいつでも使える実に便利な発問だが、一部の子どもにとっては、思考の方向性すら見えない抵抗感のある発問になるおそれがある。社会科で必要な質問だが苦手な子どもには難しすぎる発問。実に悩ましい。たとえばこうしたらどうだろう。「スーパーマーケットの人はどんな工夫をして商品を並べていますか」と聞く前に次のような発問をしてみる。「スーパーマーケットの人はペロペロチョコを棚の上中下どこに置くでしょう?」(下)「それはなぜ?」(小さい子のため)「ワインの横に何を置いている?」(チーズ)「チーズが置いてあるのはなぜ?」(まとめて買いやすいから)これらの発問を通じて、子どもは、販売者が客層を意識し買い手の買いやすさを考えて商品を並べることを学ぶ。これらの発問をした後、「(ペロペロチョコ等の他に、)スーパーマーケットの人はどんな工夫をして商品を並べていますか」と問う。手も足も出ない子どもはいない。ペロペロチョコやワインとチーズを参考にし、客層、関連商品から商品陳列の工夫を具体的に考えることができるからだ。「米は重いので商品棚の下におくはず」「お肉売り場にはタレがおかれているはず」などの意見が続く。社会科では、「〇〇はどのような工夫をしているか」「〇〇の特徴は何か」など間口の広い抽象的な問いが欠かせない。しかしその前に、まず間口のせまい焦点化された発問をしたいものだ。間口のせまい焦点化された発問は、全ての子どもの授業参加を促す。

2 視覚化する

社会科授業では、グラフ、写真、地図などの視覚的資料が使用される。最近は動画も頻繁に使用される。UD化したからといって、何か特別な資料が登場するわけではない。違うのは資料の「見せ方」だ。たとえば、教科書の写真にブラインドをかける。すると子どもは何も言わなくても資料に集中し隠れているものを予想し始める。資料をアップやルーズにして提示したり、ダウトを入れたりするのも効果的だ。これだけで、どの子のモチベーションも上がる。授業に参加しやすくなる。だからといって、何でも資料に手を加えればよいというものではない。注意することがある。一つ目は、子どもの意識が授業で狙う学習内容に向くように資料を加工することだ。加工する箇所と学習内容は常にセットだ。二つ目は、加工した資料が複数ある時は、基本的には、易しい資料から難しい資料の順に提示することだ。いきなり、難しい資料を提示されると、社会科が苦手な子どもはそれだけで抵抗感を示す。何に注目したらよいのか、どのように考えたらよいのかがわからないからだ。易しい資料が、難しい資料について考える際の足場になる。

4 共有化する

教師は、ぜひ全員に理解してほしい、全員にしっかり受け止めてほしい意見が出たときには、その意見を大切に扱う。「○さんは～ということが言いたいのですね」と意味を再確認したり、強調して板書したりする。全員が理解できるように、手を打つ。そして、全員が理解したと教師は考える。しかし、これだけでは、本当に全員が理解できたか、共有化できたかどうかはわからない。視線は板書にあっても、頭の中は全く別のことを考えている子どもがいるかもしれない。ある子どもから「クラス全員が共有すべき考え」がでてきたとき、一番よいのはその意見について、全員が一人ずつ自分の考えを述べお互いに聞くことだ。しかし、それは無理だ。授業は四五分間しかない。そこで、多用するのがペア学習だ。「今、Aさんが話したことをお隣の友だちと説明し合ってごらん」と指示する。子どもたちは、Aさんの意見に注目せざるを得ない。自分の言葉で説明したり、隣の友だちの再説明を聞いたりすることを通して貴重な意見について理解を深めることができる。そこに空白時間はない。全員が思考することになる。ペア学習を促す指示は「今、Aさんが話したことをお隣の友だちと説明し合ってごらん」だけではない。「今、Aさんが言ったようなことが他にもあります。それを隣の人に伝えなさい」「今、Aさんが言ったことが本当に正しいか正しくないかを隣の人と相談しなさい」いずれもペアへの発問・指示とすることで、人任せにできない状況をつくり「クラス全員で共有すべき考え」をより確実に全体に浸透させる。ペア学習の他に、発問後、勘のよい子どもをすぐに指名せず、困っている友だちを「見える化」した上で、勘のよい子どもがヒントを出すように促すことも有効だ。ヒントが重なっていく中で、集団としての理解が深まる。

授業後半に挙手が増えるのがＵＤ化された社会科授業の特長だ。他に、「今から発表する○○君が何と言うと思いますか」と、友だちの意見を事前に想像させたり、子どもの発言を途中で止めて、「○○さんは、この後何と言うと思いますか」と、続きを想像させたりするのも、有効な方法だ。

社会科授業のＵＤに取り組む際の心がけ

最後に社会科授業のＵＤに取り組む際に、心しておきたいことを挙げておく。

(1) 社会科授業のＵＤはあくまで手段である

社会科授業の目的は全員が教科の本質的内容である「社会的見方・考え方」を獲得することだ。焦点化、視覚化、共有化は、社会科授業づくりの視点であり、目的ではない。全員がわかる・できるために必要だからペア学習をするのであって、共有化したいからペア学習するのではない。

(2) 社会科授業のＵＤに万能的な方法はない

どこでもいつでもぜったいにうまくいく共有化の具体的方法、視覚化・焦点化の具体的方法はない。いつ、どのように視覚化するか等は、目の前にどんな子どもがいるかで決まる。

(3) 社会科授業のＵＤは学級経営と一体である

多彩な支援を駆使してもクラス内の相互理解度が低い雰囲気だと全員がわかる・できる授業には到達できない。これらの課題をしっかり自覚した上で、社会科授業のＵＤに取り組みたいものだ。「社会的見方・考え方」が獲得できる社会科授業をめざすことは当然のことだ。しかし、そこに「全員が」という言葉がセットになった瞬間、社会科授業づくりの難易度は一気に上がり至難の業となる。我々教師には、目の前の子どもの姿を起点とした緻密な工夫や配慮に満ちた授業づくりが求められている。社会科授業のＵＤは、その方法の一つを提示している。

▼教科別・ユニバーサルデザインの視点を活かした授業づくり

理科

「観察・実験」の授業で活かすユニバーサルデザイン

綾《あや》部《べ》敏信《としのぶ》

「観察・実験」は理科の宝

理科の授業において、「観察・実験」は大きな特徴であり、大きな宝でもある。表1をご覧いただきたい。これは、平成二七年度全国学力・学習状況調査質問紙調査の児童質問紙(1)から引用したものであるが、国語や算数と比較し、児童は明らかに理科の勉強を楽しみにしていることがわかる。また、「観察や実験を行うことは好きですか」の質問に対し、約九割の児童が「好きである」と回答しており、「理科の勉強が好き」の大きな要因として考えられる。

これらの結果を踏まえると、理科の学習を進める上で「観察・実験」の授業をどう展開していくかが重要であることは言うまでもない。「椅子にじっと座っていなくていいから」「観察や実験の操作が楽しいから」では意味がないのである。「観察・実験」を通し、児童が主体的に問題解決

表1　平成27年度全国学力・学習状況調査　児童質問紙より（文部科学省国立教育政策研究所，2015(1)より作成）

「当てはまる」「どちらかといえば，当てはまる」といった肯定的回答の割合

国語の勉強は好きですか。	61.3%
算数の勉強は好きですか。	66.7%
理科の勉強は好きですか。	83.5%
観察や実験を行うことは好きですか。	90.1%

を図る中での「理科の楽しさ」を味わわせるためには、どんなことに配慮して授業を組み立てればよいのか、ユニバーサルデザインの視点を活用して迫っていく。(以下「観察・実験」を「実験」で表記する)

「実験はじめ」の指示までの仕掛けが重要

「それでは実験はじめ」と指示したあとに、児童から「今日の実験何やるの?」といったつぶやきが聞こえたり、「もう一度先生の話聞いて!」と、始まった実験を中断させたりした経験はないだろうか。こういった現象がしばしば起こる授業では、児童の問題解決の能力や科学的な見方や考え方はうまく育たない。実験が始まる前までに、児童の頭の中を課題解決に向けた道筋がイメージできた状態、つまり「見通しを持った状態」にすることが大切である。

児童は大人と違い、直接実験に関係のないささいなことでも、後から入る指示や情報によって、思考を乱してしまうことがある。理科の得意な児童だけでなく、より多くの児童にとって、わかりやすい、学びやすい教育をデザインする上では、「実験はじめ」の指示の前までに、発問や仕掛け等を効率的に、順序を考えて、かつ必要最小限に与えることが重要である。

これらについて、ユニバーサルデザインの視点を活用して、次のように整理してみた。

一　指示や発問、実験のねらい等はシンプルに!

実験を行い、問題解決を図るための指示や発問はなるべく短いフレーズで明確な方がよいことは、言うまでもなく、実験のねらいについても極力シンプルに「今日は何を解き明かす実験なのか」をイメージ化できるようにしたい。

二　扱う既習事項等の精選を!

予想や仮説を持った上で実験を行い、実験後にその妥当性を検討することは問題の解決を図る上で大変意義あることであり、理科の本質的な楽しさを味わうために重要なことである。教師が何も言わなくても、自ら既習事項やこれまでの経験を基に予想や仮説を持つことができる児童は一握りである。より多くの児童が予想や仮説を持つことができるようにと考えると、その内容を精選し、必要な既習事項は全員で共有化すべきである。

三　話したい、聞きたいを引き出す工夫を！

思考力を身につけるためには話し合い活動等の言語活動は有効なものである。しかし、自分なりの考えを持たずに行っても、「活動あって学びなし」になってしまう。人は自分の考えがあるから話したくなり、人の話が聴きたくなるのである。なるべく多くの児童が自分の考えを持つことができる工夫を取り入れてほしい。

四　見える化できるノートやワークシートを！

実験や解決のイメージが具体的に整理された状態になり実験を行っても、結果や考察等をどのように表現させるかは大変重要である。思考は何らかの方法で表現して、はじめて人に伝わるのである。特に「書く」という作業は、自らの思考を整理する上で有効な手段であり、実験結果や考察等を記入するノートやワークシートは、実験内容や児童生徒の発達段階を考慮した「見える化」の工夫が必要である。

2 実際の授業から

先日、ある研修会の授業研究（小学校四年生の理科の授業）を参観する機会があった。この研修会は「ユニバーサルデザインを活用した授業づくり」がテーマであった。このときの指導案をもとに授業を紹介する。

単元は「ものの温度と体積」、その導入段階で、教師の演示実験を見て、課題を見いだし、既習事項や生活体験を基にその理由（仮説）を考え、自分の仮説が正しいかどうか検証実験を行う授業である。

次の指導案（図1「単元構想」及び「UD構想」）をご覧いただきたい。この授業における「『実験はじめ』の前までの仕掛け」は、前時の授業にさかのぼる。教師がビンを握り一円玉がパタパタと動く現象をシンプルに見せると、「なぜ一円玉が動くのだろう?」や「先生は何をやったのかな?」と次々と児童が課題を見つけた。教師は、既習事項である「閉じ込めた空気や水の性質」に触れたり、「この一円玉の動きと同じような現象見たことある?」等の補助発問をしたりしながら、「じゃあ、なぜ動いたのか、予想を立ててみよう!」と改めて課題設定をした。ワークシート（図2）は学習の流れに沿って作成されており、予想の記入欄には根拠を言葉や絵で自由に記入できるよう工夫されている。ここまでの仕掛けによって、子どもたちの頭

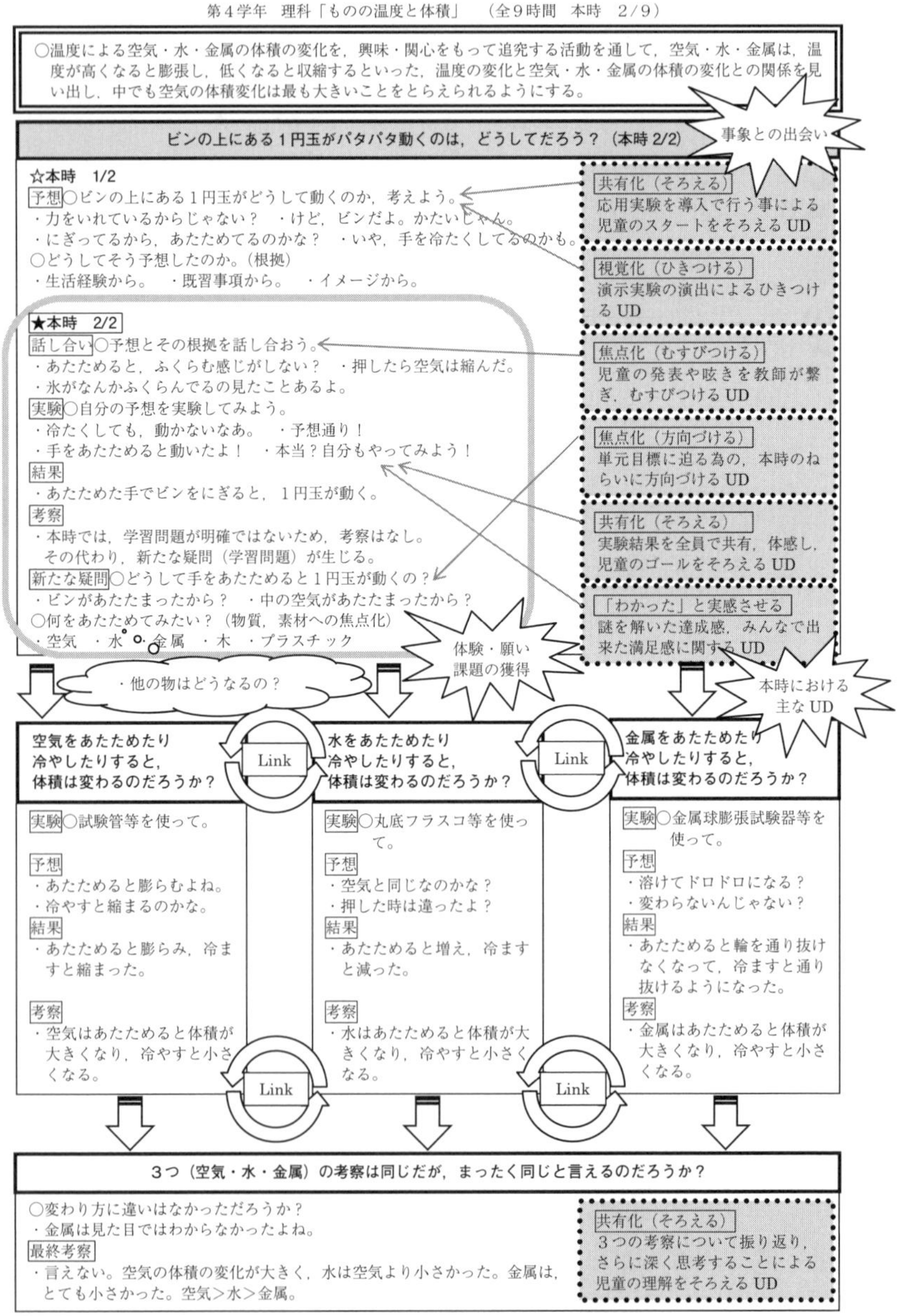
第4学年　理科「ものの温度と体積」　（全9時間　本時　2/9）
○温度による空気・水・金属の体積の変化を，興味・関心をもって追究する活動を通して，空気・水・金属は，温度が高くなると膨張し，低くなると収縮するといった，温度の変化と空気・水・金属の体積の変化との関係を見い出し，中でも空気の体積変化は最も大きいことをとらえられるようにする。
ビンの上にある1円玉がパタパタ動くのは，どうしてだろう？（本時 2/2）
事象との出会い
☆本時　1/2
予想○ビンの上にある1円玉がどうして動くのか，考えよう。
・力をいれているからじゃない？　・けど，ビンだよ。かたいじゃん。
・にぎってるから，あたためてるのかな？　・いや，手を冷たくしてるのかも。
○どうしてそう予想したのか。（根拠）
・生活経験から。　・既習事項から。　・イメージから。
★本時　2/2
話し合い○予想とその根拠を話し合おう。
・あたためると，ふくらむ感じがしない？　・押したら空気は縮んだ。
・氷がなんかふくらんでるの見たことあるよ。
実験○自分の予想を実験してみよう。
・冷たくしても，動かないなあ。　・予想通り！
・手をあたためると動いたよ！　・本当？自分もやってみよう！
結果
・あたためた手でビンをにぎると，1円玉が動く。
考察
・本時では，学習問題が明確ではないため，考察はなし。
その代わり，新たな疑問（学習問題）が生じる。
新たな疑問○どうして手をあたためると1円玉が動くの？
・ビンがあたたまったから？　・中の空気があたたまったから？
○何をあたためてみたい？（物質，素材への焦点化）
・空気　・水　・金属　・木　・プラスチック
共有化（そろえる）
応用実験を導入で行う事による児童のスタートをそろえるUD
視覚化（ひきつける）
演示実験の演出によるひきつけるUD
焦点化（むすびつける）
児童の発表や呟きを教師が繋ぎ，むすびつけるUD
焦点化（方向づける）
単元目標に迫る為の，本時のねらいに方向づけるUD
共有化（そろえる）
実験結果を全員で共有，体感し，児童のゴールをそろえるUD
「わかった」と実感させる
謎を解いた達成感，みんなで出来た満足感に関するUD
体験・願い課題の獲得
・他の物はどうなるの？
本時における主なUD
空気をあたためたり冷やしたりすると，体積は変わるのだろうか？
水をあたためたり冷やしたりすると，体積は変わるのだろうか？
金属をあたためたり冷やしたりすると，体積は変わるのだろうか？
Link
Link
実験○試験管等を使って。
予想
・あたためると膨らむよね。
・冷やすと縮まるのかな。
結果
・あたためると膨らみ，冷ますと縮まった。
考察
・空気はあたためると体積が大きくなり，冷やすと小さくなる。
実験○丸底フラスコ等を使って。
予想
・空気と同じなのかな？
・押した時は違ったよ？
結果
・あたためると増え，冷ますと減った。
考察
・水はあたためると体積が大きくなり，冷やすと小さくなる。
実験○金属球膨張試験器等を使って。
予想
・溶けてドロドロになる？
・変わらないんじゃない？
結果
・あたためると輪を通り抜けなくなって，冷ますと通り抜けるようになった。
考察
・金属はあたためると体積が大きくなり，冷やすと小さくなる。
Link
Link
3つ（空気・水・金属）の考察は同じだが，まったく同じと言えるのだろうか？
○変わり方に違いはなかっただろうか？
・金属は見た目ではわからなかったよね。
最終考察
・言えない。空気の体積の変化が大きく，水は空気より小さかった。金属は，とても小さかった。空気>水>金属。
共有化（そろえる）
3つの考察について振り返り，さらに深く思考することによる児童の理解をそろえるUD

図1 「単元構想」及び「UD構想」

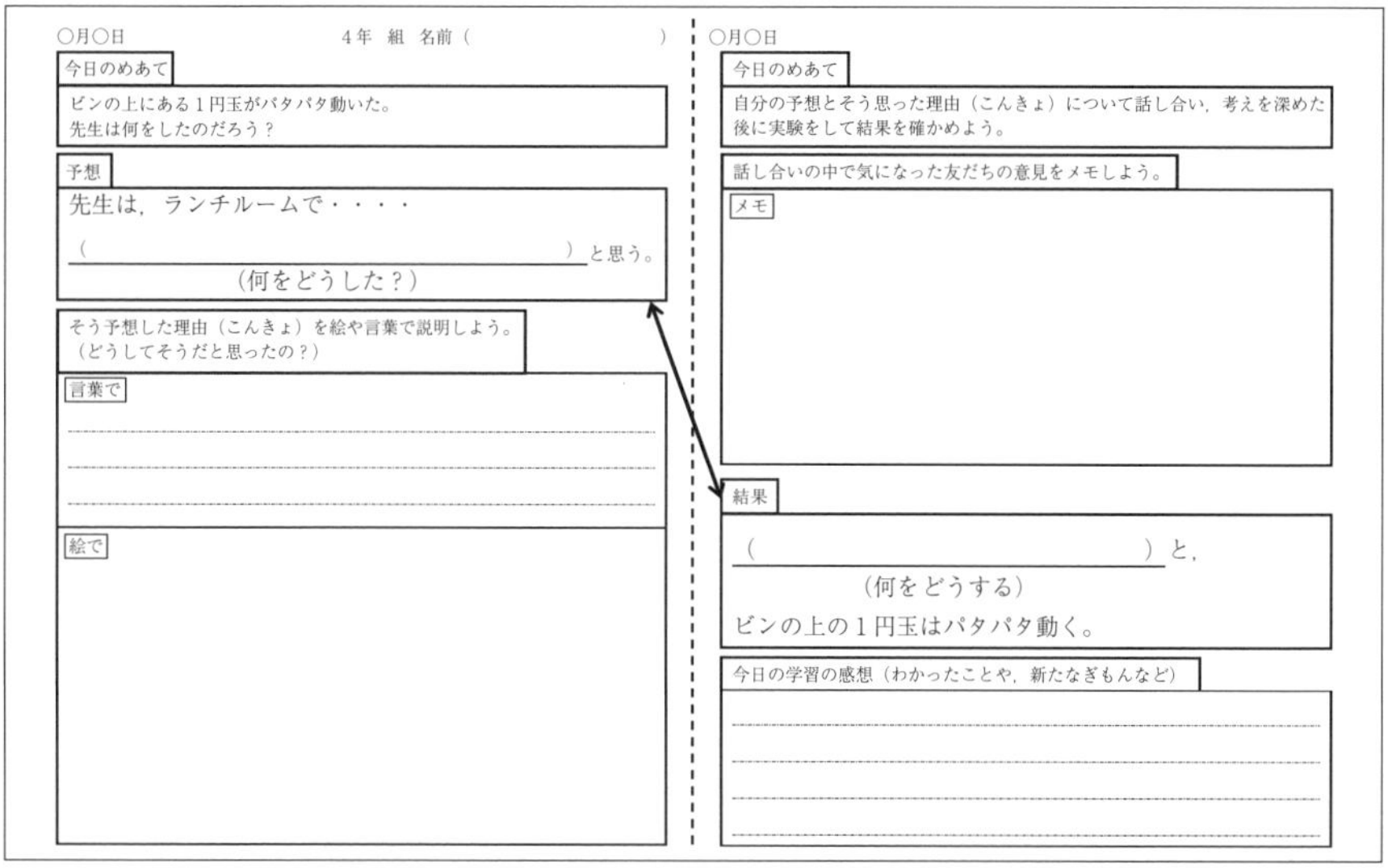

図２　ワークシート

の中は、課題とその予想がイメージできた状態になり、次時を楽しみにしていた。

　次の時間、前時の振り返りと実験の安全指導を行った後、「実験はじめ」の指示、児童は事前に自分の予想をしっかりと持っているため、個別の実験は主体的で、「一円玉動いたよ！」や「予想とちがうみたい！」等の声があちこちから上がった。グループや学級での共有の場面では、自分の考えや結果を人に伝えたい、人の考えを聞いてみたいという児童が多く出て、充実した言語活動となった。その結果「中の空気をあたためたことが原因ではないか」という結論にたどり着くとともに、先生の「他のものをあたためたらどうなるかな」という発問に次時への興味・関心を高めている児童の姿を多く見ることができた。

おわりに

　小学校学習指導要領解説理科編に次のような一文がある。「主体的な問題解決の活動を進めるために、教師は児童がこれまでにもっていた見方や考え方では説明できない事物・現象を提示するなど、児童自らが自然の事物・現象に興味・関心をもち、問題を見いだす状況をつくる工夫が必要である」(2)(傍線筆者)。児童が関心を持てるような、問題を見いだしやすくする状況を教師が意図的に作り出すこと、これこそが、「『実験はじめ』の前までの仕掛け」であり、ユニバーサルデザインの視点を効果的に活用できる場面ではないか。

今回は実験前に絞って述べてきたが、実験後の展開等においても、さまざまに活用できるはずである。授業者の工夫ある取組によって、児童の思考力等を伸ばし、本質的な「理科の楽しさ」を体験させ、ますます理科好きな児童を増やしてほしい。

〔文献〕

(1) 文部科学省国立教育政策研究所『平成二七年度全国学力・学習状況調査　報告書　質問紙調査』二〇一五

(2) 文部科学省『小学校学習指導要領解説　理科編』二〇〇八

UD

▼教科別・ユニバーサルデザインの視点を活かした授業づくり

音楽科

ユニバーサルデザインの視点から見えてくる教師の役割と音楽科の目的

平野次郎《ひらのじろう》

まずは音楽授業への意識改革から

「どの子もわかる、できる」音楽授業にするためには、これまで行われてきた授業を見直し、新たな視点や考えを加えて、授業を変えていく必要があると考えている。

本校研究部のアンケート調査によると、音楽科の四つの内容（歌唱・器楽・音楽づくり・鑑賞）のうち、授業の約八割が歌唱、器楽に偏っていることがわかった。内容が歌唱や器楽に偏ると、音楽の技能向上を重視してしまう。「歌が上手に歌えるように」、「リコーダーをミスなく吹けるように」と。技能向上ばかりに力を注ぐと、音楽本来の楽しさや自分の音や音楽を表現したいという意欲は低下していく。当然、技能レベルが追いついていないと授業への参加も難しくなり、それが「音楽の授業嫌い」をつくり出してしまう原因となる。それは、「○○くんが……」という問題ではなく、やはり授業、すなわち教師の責任なのである。

音楽科の授業では、「どの子もわかる、できる」の前に、「どの子も楽しめる」という視点が何よりも先に来ていいと考えている。授業が「どの子も楽しめる」ものであれば、必ず知識・技能も追いついてくる。まずは、これまでの技能重視の授業スタイルから、「どの子も楽しめる授業」へと方向転換することが重要である。この考えが音楽科の授業をユニバーサルデザイン化するための第一歩だと考えている。

教師の役割や関わり方

音楽科のユニバーサルデザイン化を目指すためには、教師の役割や関わり方を見直す必要がある。私が考える音楽科での教師の役割は次の通りである。

①子どもが安心して表現できるように支えること
②子どもを音や音楽とつないでいくこと
③音や音楽を通して仲間と関われるようにすること

本稿では、①の「子どもが安心して表現できるように支えること」を取り上げ、その具体を実践例を示しながら述べていくことにする。

子どもが安心して表現できるように支えること

教師として子どもの音楽の知識や技能を高めていくことは当然のことだが、何よりも子ども自身が「表現したい」と思わなければ、本当の意味での「子どもの表現」にはならない。音楽はみんなの前で表現することも多い。技能が優れている子ならば問題ないが、自分の技能に不安を抱えている子が人前で表現することはハードルが高いことなのだ。その子が、「表現したい」、「音楽の授業が楽しい」と思わなければ、「全員がわかる、できる」授業の姿には行き着かない。

安心して表現できるようにするための手立ては三つ考えられる。

A　教師の言葉かけ

リコーダーが苦手な子には、「曲の始めと終わりの音だけは演奏してね」と言葉をかける。楽曲を通して演奏するためには、運指や息づかいなどの技能面や読譜の力を必要とする。しかし、始めと終わりの音だけならば、その音の出し方がわかっていれば参加できる。最終的には全曲を通して演奏できるようになって欲しいが、そこに向かうためのスモールステップの一歩目がここに示したものになる。

歌唱の授業ではどうだろうか。「正しい音程で、豊かな声量で、拍の流れに合わせて」というのが理想的だが、まずは一人一人の表現を認めるところから始めるといい。口の形や息の吸い方、表情や音色など。たとえば、楽曲の二小節でもいいだろう。二人や三人などの少ない人数で歌う場を設けて、一人一人に言葉をかけていく。特に技能に不安を抱えている子は、先生に何か言葉をかけてもらうと、次への挑戦が生まれるのである。

B　場のつくり方

音楽の授業では、全員で歌う、演奏するなどの一斉指導の場面が多い。これだけでは、子どもたち一人一人の考えや表現を評価することはできない。歌唱や器楽では難しい場合もあるが、音楽づくりの活動では、「自分が考えたことを音や音楽で表現する場」を設定している。

音楽づくりの活動は歌唱や器楽と比べて自由度がある。楽譜などで音や音楽が示されていないので、自分で考えていかなければ表現として成り立たないのだ。このような場では、活動隊形を円にしている(図1・2)。教師が円の中心にいれば、一人一人の表現を受け取ることができる。また、子ども同士のつながりも生まれやすい。

音楽づくりで、一人一発ずつ手拍子を打つ活動を行う。子どもはただ一発たたくだけである。これならば、どの子もできる。この場面でも、「A　教師の言葉か

図1　円の活動隊形①

図２　円の活動隊形②

け」がカギとなる。子どもが「ただ一発たたく」という表現をよく観察して、「いい音が出たね」、「面白いところをたたいたね」、「音の大きさを考えてたたいたのかな」、「○○さんのたたき方をまねしたね」などと声をかけていく。ここでは、否定的な言葉かけはしない。

極端なことを言うと、「無理にでもいいところを見つける」ことが大切なのである。そして、そのいいところは音楽的な学びに直結するものが望ましい。

　この一人一人が表現する場での子どもへの言葉かけは、「個への配慮」にもつながる。ある特定な子ではなく、全員に声をかけていく。そうすることで、上手な子だけが目立ったり、苦手な子だけが嫌な思いをしたりすることは減っていく。もちろん、苦手な子も、「上手に表現したい」という思いはもっている。その子が、「次への挑戦意欲」をもらうのは、教師の言葉かけ、すなわち評価なのである。

C　言語活動を通した共有化

　音楽は感覚や感性が大事だと論じられることも多い。芸術音楽として捉えていくならば当然のことだが、「学校教育の中に位置づけられている音楽」であれば、感覚や感性だけで音楽を論じていくことは難しい。その子の感性が育っていなければ、表現することも理解することもできなくなってしまうのだろうか。

　たとえば、感性が一〇ある子と五ある子がいたとする。感性の差があるから、この二人はわかり合えないのだろうか。そうではないし、実際の感性のレベルなどは測れない……。やはり音楽であっても、「言葉でわかり合える」ことが基本にあると考えている。ある子は感覚的に理解していて、ある子はできていない。その場合の二人をつなぐのは、やはり言葉なのである。

高学年の共通教材に『こいのぼり』がある。曲に親しんでいく過程で、「こいのぼりが高く堂々と泳いでいる」ことに気づいていく。その根拠を探っていくと、最初は歌詞に注目することだろう。しかし、音楽の授業であれば音楽が示されている楽譜に視点をあてるべきである。「感覚的に、何となく泳いでいる感じがした」ではなく、音楽的根拠に基づいて理解していくことが大切である。『こいのぼり』であれば、「音の流れ」や「付点のリズム」などが音楽的根拠になると考える。音だけではなく、楽譜をもとに視覚的に捉え（見えない音楽を見える化する）、それを言語化することで、「どの子もわかる、できる」につながるのである。

子どもが六年間で学ぶ二四曲の共通教材に出合う時には、『楽譜を読み取る一〇の観点』を用いている。

『楽譜を読み取る一〇の観点』

①拍子 ②小節数 ③速度 ④はじめの音・おわりの音 ⑤調整 ⑥一番高い音 ⑦一番低い音 ⑧使われている音 ⑨強弱記号 ⑩楽譜から気づいたこと（類似点、相違点など）

以上、「子どもが安心して表現できるように支える」という教師の役割の一つを述べてきた。本稿の終わりは、授業をつくり上げていく時に重要な一つの視点を述べていく。

子どもがもっている力で勝負する

授業は教師がつくるものではなく、子どもと一緒につくり上げていくものである。研究授業などの指導案検討の場では、「子どもと一緒に」という視点が忘れられてしまうこともある。音楽科は実技を伴うことが多い。そのため、子どもたちがどのような「音楽の力」を獲得しているかを把握する必要がある。もし、そこを誤り、背伸びした状態で授業を進めてしまったならば、「どの子もわかる、できる」にはつながらない。

それよりも、いまある力を生かして、授業をつくり上げていく方が、音楽的な学びは深まる。技術や技能は教え込めば上達していく。しかし、その後の学習で活用できるような力を育てていくのであれば、どんなにシンプルな活動であっても、子どもが思考したり判断したりする場を意図的に設けていくべきであろう。

音楽科の授業は、「音楽の演奏技能向上」を目的にしていたこともあるだろう。しかし、ユニバーサルデザイン化することによって、演奏技能向上だけではなく、一人一人の表現を生かしながら授業を展開することができる。また、考えたことや判断したことを共有することで、音楽と仲良くなったり、子ども同士のコミュニケーションが深まったりもする。

これからの音楽科の目的を考えるためには、ユニバーサルデザインの視点は大きな役割を果たすと考えている。

UD

▼教科別・ユニバーサルデザインの視点を活かした授業づくり

体育科

全員参加の体育の授業づくり

清水《しみず》 由《ゆう》

一 全員参加に必要な基礎感覚づくり

鉄棒の前回り下りができない子がいる。鉄棒の上に腕で支えて乗ることすらできない子もいる。低学年だとクラスに数人は必ずいるのではないだろうか。こうした子どもの多くはできない理由を「怖い」からと答える。中には、幼稚園や保育園のころに鉄棒から落ちた経験があって鉄棒を触ることすら嫌がる子もいる。この「怖い」と感じる理由としては、体に「基礎感覚」が身についていないからだと考えられる。

すべての運動は、体に動きの基礎となる感覚がなければできるようにならない。基礎感覚が体に身についているから、ある運動を行おうとするときに「できるような気がする」のである。この「できるような気がする」ことを運動学の言葉で「キネステーゼ感覚」と言う。これは、体に身についている動きの基礎となる感覚を、新しい動きに変形させることができそうであれば、感じることができる。この動きの基礎となる感覚を新しい動きに変形させることを「メタモルフォーゼ」と言う。さまざまな動きの基礎感覚を身につけていると、それらを総合的に変形（メタモルフォーゼ）させることができるので、新しい運動を獲得しやすいのである。もう一つ、体育授業で意識しておきたい重

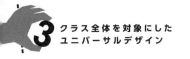

要な言葉がある。「運動アナロゴン」である。「運動アナロゴン」は、「類似の運動」と訳される。「できるような気がする（キネステーゼ感覚を持つ）」には、新しい動きに「変形（メタモルフォーゼ）」することのできそうな程度の新しい「類似の運動（運動アナロゴン）」を経験させることが大事になるのである。

具体的に説明したい。鉄棒の前回り下りを行うには、さまざまな基礎感覚が養われている必要がある。主なものとしては、①鉄棒の上に乗って体重を腕で支える「腕支持感覚」②鉄棒に逆さの姿勢でぶら下がる「逆さ感覚」③鉄棒を中心に回る「回転感覚」が考えられる。これらの感覚が身についていることで前回り下りができるのである。逆さになる感覚や回転する感覚がないまま無理矢理回って（回されて）しまうと、体が反り返ったり四肢が縮まったりしてしまって背中から落ちてしまうのである。こういった経験をした子は当然、鉄棒運動を「怖い」と思うし、基礎感覚がないままに運動を行うこと自体も「怖い」と感じるのである。

残念なことに、こういった「怖い」と感じる子が中学年、高学年と上がっていくことは、珍しいことではない。自ずと鉄棒運動の授業へ参加できなく（しなく）なる。これは鉄棒運動に限ったことではなく、体育授業におけるすべての領域で起こる可能性がある。全員参加の体育授業を行うには、こういった運動に対する「怖さ」を克服させる手立てや基礎感覚づくりの運動を潤沢に経験させる授業づくりが求められる。

本稿では、体育授業へ参加できない（しない）子どもたちへの手立てや基礎感覚づくりを意図した類似の運動（運動アナロゴン）について具体的に紹介していく。これらの運動をじゃんけんや競争を使ってゲーム化し、楽しみながら取り組ませることで子どもたちはさまざまな基礎感覚を身につけていく。短時間で何度も繰り返し経験できるようにしていただきたい。

C 全員参加を促す基礎感覚づくりの運動と手立て

(1) 鉄棒の前回り下りができない子がいる場合

前回り下りは、鉄棒運動の最も基本となる運動である。これができない子は、回転感覚、逆さ感覚、腕支持感覚が養われていないと考えられる。鉄棒を使ってこれらを養うことを意図しても怖がってしまうので、まずは、鉄棒を使わずにこれらの基礎感覚を養いたい。

ア．腕支持感覚、逆さ感覚を養う運動

カエルの足打ち、くま歩き、アザラシ歩き、手押し車、よじ登り逆立ち（図1～5）

イ．回転感覚を養う運動

マットの上でゆりかご（図6）

前回り（図7）

ウ．「怖さ」を克服させる教師の補助

基礎感覚づくりの運動を経験させ、基礎感覚がある

図1　カエルの足打ち

図2　くま歩き

図3　アザラシ歩き

図4　手押し車

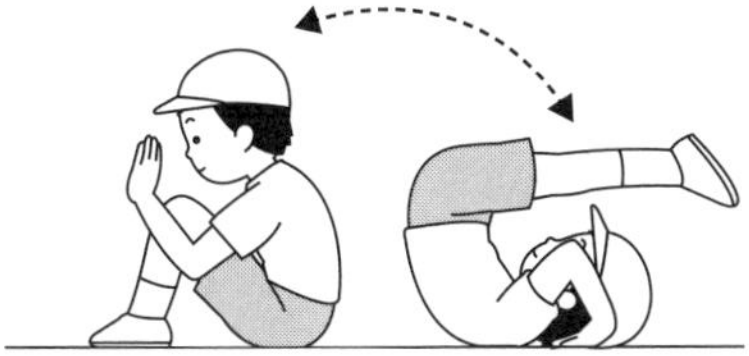
図6　マットの上でゆりかご

図7　前回り

図5　よじ登り逆立ち

図８　補助

程度体に染みこむ時間をとれば、あとは「怖さ」を克服させるだけになる。「怖さ」が克服できれば、一人でどんどん運動することができるようになる。教師（または親）が、図８のような子どもが安心してできる補助のやり方を理解してやってあげれば、すぐに前回り下りはできるようになる。

安心感を持たせるためには、図８のようなツバメ姿勢のときに、頭側で右腕が鉄棒の方になるように立つ。右腕は子どもの胸側から右肩へ伸ばして持って支える。左腕は、頭越しに構え、前回りをして回ってきたときに背中を持ってゆっくりと下ろしてあげられるようにする。胸と背中の両面を支えることで、いつでも子どもを持ち上げることができるので落下を防ぐことができ、子どもにとっても常に落ちる側に腕があるので安心感がある。

(2) マットでの後ろ回りができない子がいる場合

後ろ回りができない子は、後方への回転感覚、逆さでの腕支持感覚が養われていないと考えられる。基本的な回転感覚を養う運動の他、首でひっかかってしまうのをずらして肩越しに後ろへ回る「肩回り」（図９）や「アンテナ（背支持倒立）」（図10）から頭の方へ足を折る動きを経験させたい。また、教師（または親）の補助によって動きの流れを経験させることも効果的である。

ア．回転感覚、後方への回転感覚を養う運動

ゆりかご、肩回り

イ．後ろ回りの補助

後ろ回りは、首がひっかかって回れないので、タイミングよく腰を持って、真上へ持ち上げてあげるとスムーズに回れる。後ろへの回転の勢いを補助しようとして後ろ向きへ押してしまうと首を痛めてしまうので、

絶対にやらないようにしたい。

腰の両側を両腕で真上へ持ち上げる（図11）

(3) 跳び箱で開脚跳びができない

開脚跳びができるようになるには、体の投げ出し感覚、腕支持感覚、重心移動感覚、腕での突き放し感覚など、さまざまな基礎感覚が養われていなければならない。一つ一つの基礎感覚を養うというよりも、開脚跳びに近いさまざまな類似の運動（運動アナロゴン）を経験させることでできるようにさせたい。

ア．開脚跳びの運動アナロゴン

開脚跳びの運動アナロゴンの典型は、馬跳びである。小さな馬からより大きな馬へスモールステップで取り組ませていくことで開脚跳びが跳べるようになる。その際、馬がぐらつかないように足を広げ、頭を引っ込めて全身に力を入れて支えるように指導したい。

馬跳びレベル1～4（図12）
馬跳びマット跳び越し（図13）
2人馬（図14）

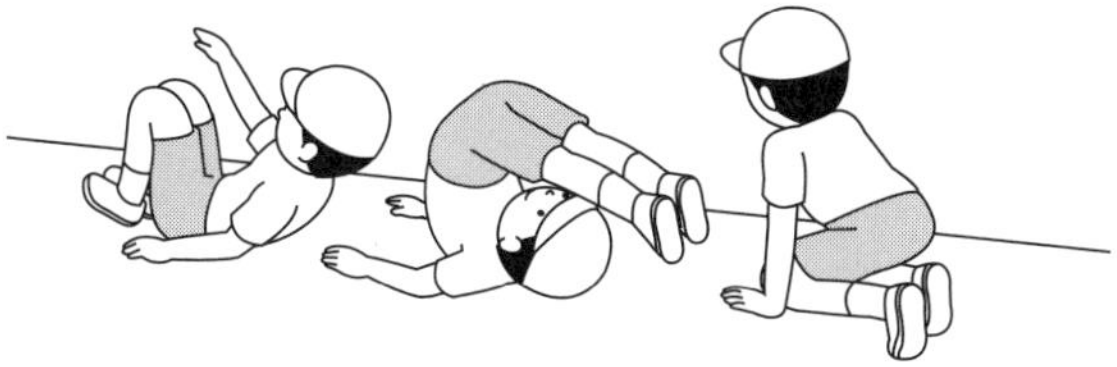

図9　肩回り

図10　アンテナ（背支持倒立）

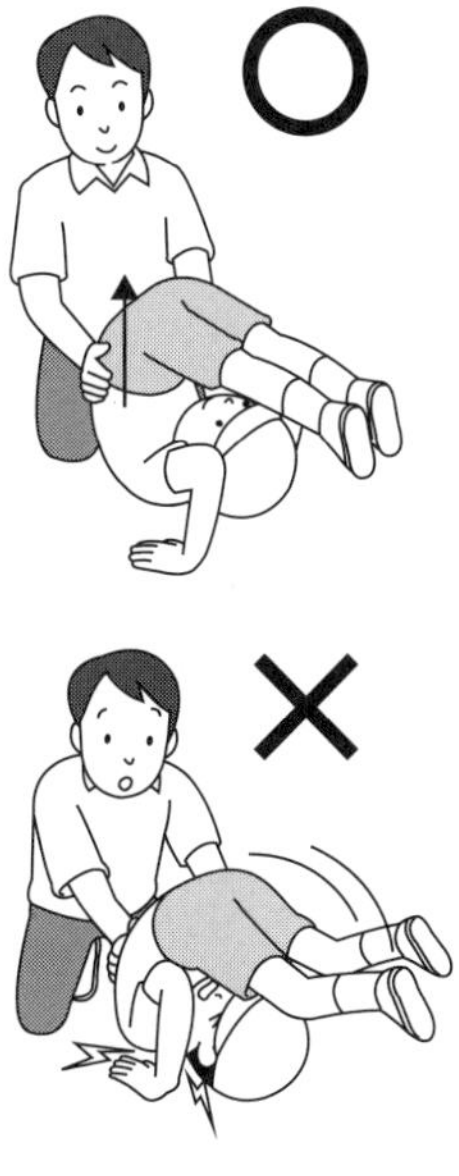

図11　後ろ回りの補助

図12　馬跳びレベル1～4

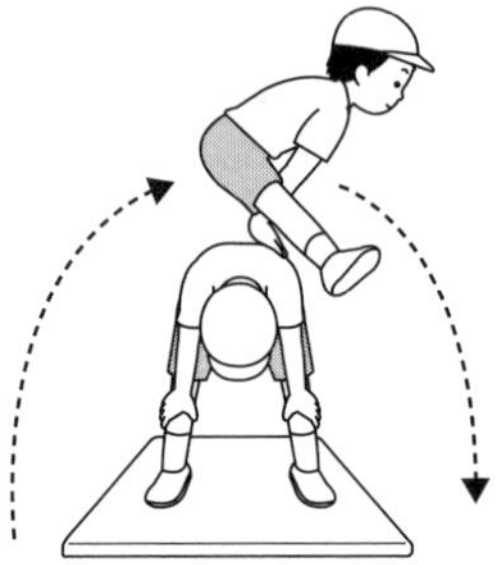

図13　馬跳びマット跳び越し

図14　2人馬

イ.「怖さ」を克服させる教師の補助

子どもにとって跳び箱を跳び越そうとすると、その堅さから「怖い・痛い」イメージがある。教師（または親）の補助によって痛みなく跳び越す経験を何度も繰り返してあげるとよい。

跳び箱の横へ立ち、子どもが踏み切ったタイミングで上腕とももの裏を持って持ち上げながら跳び箱の向こう側へ運んであげるのである。少しずつ力を抜いていくことで子どもは自分で支持して重心移動できるようになる。

開脚跳びの補助（図15）

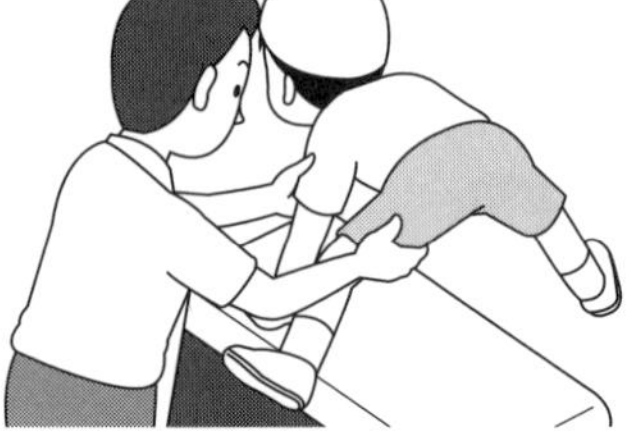

図15　開脚跳びの補助

図画工作科・美術科

▼教科別・ユニバーサルデザインの視点を活かした授業づくり

図画工作・美術授業のUD化を図る

――「主体的・対話的で深い学び」の実現に向けて

吉見《よしみ》和洋《かずひろ》

学習指導要領の改訂にあたり、ユニバーサルデザインの視点に基づく授業（「授業ＵＤ」）とともに「主体的・対話的で深い学び」が注目を集めている。図画工作・美術科は、自らの思いや感動を他者と関わる中で創造的に表現したり味わったりする教科である。本質的に「授業ＵＤ」に基づくアクティブ・ラーニングを実現しやすい教科であると言えよう。

授業では、ややもすれば教師は「好きな子」「得意な子」に注目しがちである。そんな子は課題に熱心に取り組み授業で活躍できる。しかし、「不得手な子」や「不器用な子」には教師の期待値が低く、本人も苦手意識をもって過ごすことが多くなる。図画工作・美術科では、決して子どもが苦手意識をもったり、萎縮した気持ちで授業を受けたりすることがないようにしたい。

授業における材料や用具の使い方、技法や指導方法などについては、多様な書籍や文献があるので、他書に譲ることにして、ここでは図画工作・美術科における「授業ＵＤ」のポイントを考えたい。

一　「授業ＵＤ」のための設計カード

授業のＵＤ化を図るために重要なことは「展開を構

造化すること」である。授業では、人間関係づくりや学びの環境を整えた上で、ねらいを絞り、手立てを明確にした授業設計が不可欠である。それは、図画工作・美術科においても同様である。

ところで、そのような授業を設計する場合、一般的な形式の指導案は手間や時間の負担が大きい。毎週一回の図画工作・美術科の授業には、負担が少なく作成可能な形式であることが必要である。

図１　UD授業の設計カード

そこで、授業者も、それを見る者にもわかりやすく簡易で授業の本質を外さない設計書として「UD授業の設計カード」（図１）を提案したい。これは、本時の目標や児童の実態、学習活動、発問や指示、UDの手立てなどの項目で構成したA４判一枚の指導計画書である。誰が見ても一目瞭然でわかるように意図したユニバーサルデザインの設計書であり、この「UD授業の設計カード」を活用した実践事例を紹介する。

小学校での授業実践例

○一年生表現「いろいろペッタン」

これは、身の回りにある材料やローラーなどの道具を使って生まれる形や色を楽しみながら、体全体で表現することができる題材である。一時間目は、ローラーやスタンプを使って模造紙で版遊びを楽しむ。二時間目は長くつないだ模造紙に、校区内にある実際の川に見立てた川をローラーでつくる。三時間目は、川で泳がせてみたい生き物の形を版画紙で作って切り取る。四時間目にスタンプで模様を付けて（図2）、見立てた川で泳がせ、五時間目でお互いに完成した作品（図3）を鑑賞し合うという五時間取り扱いの授業である。

授業者の井上光代教諭は、ここに紹介する四時間目の授業で「スタンプのよさを生かして形や色、押し方を選んで、水中の生き物に模様を付けることができる」ことを目標としている。

UDの視点として、配慮の必要な児童が戸惑わないように手順や作業場所を視覚的に明示する。また、スタンプとなる材料をあらかじめ限定しておき、模様を工夫することに活動の焦点を絞るようにした。

図２　スタンプで模様付け

図３　完成作品

子どもたちは、川に見立てた長い模造紙を前に、前時までのローラー等での版遊びや魚などの生き物を切り抜いた時間を思い出して、ワクワクして待機している。教師が、めあてと授業の流れをボードで示し、やり方を示範しながら説明すると、一斉に模様づくりに取りかかる。見通しを示し、作業の場を構造化してあるので、一人一人が今何をするのかを理解して造形活動に熱中している。教師が主発問を発すると、近くの友だちと自分の作品を見比べながら盛んに工夫を始めている。

やがて、尋ね合ったり自慢したりする会話が聞こえ始めた。友だちと話をしたり尋ね合ったりする関わりの中で、独自の工夫をして自分だけのオリジナルな作品を作ろうとする協働性や主体性、創造性の育ちがみられる。そのためには、毎時間の授業で子どものどんな力を育てたいのか、何を学ばせたいのかを明確に絞り込み、焦点化して山場から逆算する授業を構想することが肝要である。

図４　マジックで線描体験

○六年生鑑賞「鳥獣戯画の世界を味わおう」

六年生で国語科の授業と関連付けながら鑑賞した「鳥獣戯画」の授業である。題材は、三時間の設定で、前時までに作品のストーリーのおもしろさや動物たちの動作や表情などを味わっている。

三時間目は、多様な表情を見せる動物の模写から入る。子どもたちはマジックで線描に挑戦するが、なかなか思い通りには描けず苦労する（図４）。

そのあと、拡大装置を使って視覚化を図り、線の種類や効果に気付かせる。

作者の意図について友だちと話し合う場面では、線描がうまくいかなかった子どもほど発見が多い。線の多様性や巧みさに気付いて、改めて鳥獣戯画のおもしろさを実感している。

授業者の本田美幸教諭は、子どもの相互理解や環境づくりを丁寧に行っており、その上で場や時間を構造化し、ねらいに迫る発問を三段階に分けて重ねている。

授業の構造そのものがＵＤ化されており、揺さぶり発問で対話が活性化された授業となっている。

中学校での授業実践例

○二年生表現「故郷のよさを切り絵で表現しよう」

故郷のよさを切り絵の共同制作で表す七時間扱いの題材である。二時間目は、「グループで協力し、表現したいテーマに合った配色をすることができる」をねらいとしている。対話による協働性を重視した授業である。

グループでの話し合いから始まり、必要な色彩情報の収集や配色の検討などの場面で友だちとの対話を重ねていく（図５）。ねらいに迫るために「どういう色の使い方

図５　グループで配色の検討

をすればテーマに迫れるのか」を全体に問いかけ、色画用紙の比較検討作業に持ち込んでいく。学習に集中できるように、活動は五分を単位としたユニットで構成して緊張感を演出している。故郷のよさを独自の配色で表現しようと力を合わせて取り組む生徒の主体性や協働性を育む授業展開となっている。

○二年生表現「自分探しの旅〜自画像〜」

授業のＵＤ化を図るためにさまざまな手立てをちりばめた「自画像」の授業である。

単に鏡を見ながらの自画像制作を超えて、深い学びに結びつけるためのポイントとして「視覚化」「焦点化」「共有化」に取り組んでいる。

図６　ＩＣＴで参考作品の比較鑑賞

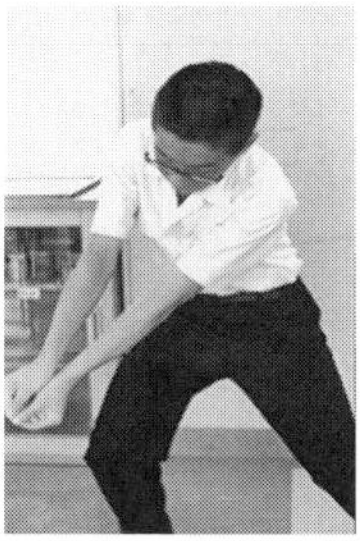

図７　写真

図８　自画像

【視覚化】
◇授業メニューボードを提示し、見通しをもたせる。
◇教師の示範による基礎的技法の明確な提示。（水彩色鉛筆の使い方）
【焦点化】
◇ＩＣＴを活用した参考作品の鑑賞（図６）。
◇ウェブマッピングによる「自分探し」。
◇デジカメによる本人画像のトレース（図７、図８）。
【共有化】
◇友だちのよさの文章化と相互交流。
◇ペア鑑賞と意見交換。

ＵＤ化を図り、主体的・対話的で深い学びへ

図画工作・美術で「授業ＵＤ」を実現するということは、すべての子どもが楽しく取り組める技法や用具の使い方の指導を前提にして、授業構造そのものを改善していくことである。そこには、教師の温かい子ど

も理解と深い教育的愛情が不可欠である。

本来アクティブな教科である図画工作・美術科で、子どもたちが、自分の思いを伸び伸びと表現したり鑑賞したりできるような教師の温かいまなざしと言葉（和顔愛語）が「主体的・対話的で深い学び」へとつながっていくのである。

＊実践事例提供（紹介順）

○熊本県図画工作・美術教育西ブロック研究会

御船町立御船小学校　井上　光代　教諭

山都町立清和小学校　本田　美幸　教諭

甲佐町立甲佐中学校　嘉古田剣吾　教諭

○熊本市立湖東中学校　福永真寿美　教諭

（所属は実践時）

〔**参考文献**〕

・『御船町立小坂小学校平成27年度研究紀要』　御船町立小坂小学校

・『平成二七年度第五八回熊本県図画工作・美術教育研究大会西ブロック大会研究紀要』　熊本県図画工作・美術教育西ブロック研究会

ユニバーサルデザインの支援を生かした教室環境づくり

田《た》中《なか》博《ひろ》司《し》

どの子も過ごしやすい教室づくり

ユニバーサルデザインの支援を生かして教室環境をつくるとは、様々なつまずきのある子どもたちが過ごしやすく、学びやすい教室環境をつくることだと考える。そのために、子どもたちが落ち着くことができ、わかりやすい教室環境を心がけている。

そこで、ここでは「落ち着く」と「わかりやすい」という二つの視点に立ち、教室環境を整える工夫をいくつか紹介していく。

落ち着く環境のための工夫

教科指導、総合的な学習の時間、係・当番活動、学校行事等、様々な教育活動が行われている教室では、それに合わせて、様々な道具が置かれていたり、掲示物が貼られていたりする。こうしたものが刺激になって、子どもたちが注意力を削がれ、落ち着かなくなることがある。教室は、できるだけスッキリした「落ち着く」環境にしておくことを心がけたい。

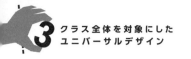

(1) 余計なものは貼らない

教室の前には、時間割、連絡、授業で使った資料、未提出者の名前など、たくさんの情報が貼られていることが多い。けれども、授業中子どもたちが目を向けている教室前面の黒板や壁なので、できるだけ余計なものを貼らないようにしたい（図1）。

(2) 見えない方がいいものは隠す

棚に置かれている本や学習道具など、どうしても動かせないものは、カーテンなどを使って目隠しをしておく（図2）。

(3) 統一感のある色遣いにする

表示や掲示物に使う色画用紙等の色をできるだけ統一感のあるものにすることで、教室全体の雰囲気が落ち着いてくる。例えば、歯科医や美容院などでは、壁紙やイス、機材などが同系色でコーディネートされていて、落ち着いた雰囲気がつくられている。子どもたちの好きな明るい色、目立つ色のものをつい選んでしまいがちであるが、淡い色の方が、教室全体に安心感が感じられるようになる。

掲示物の色を、壁の色に近いものを選ぶようにする

図1　教室前面はできるだけスッキリ

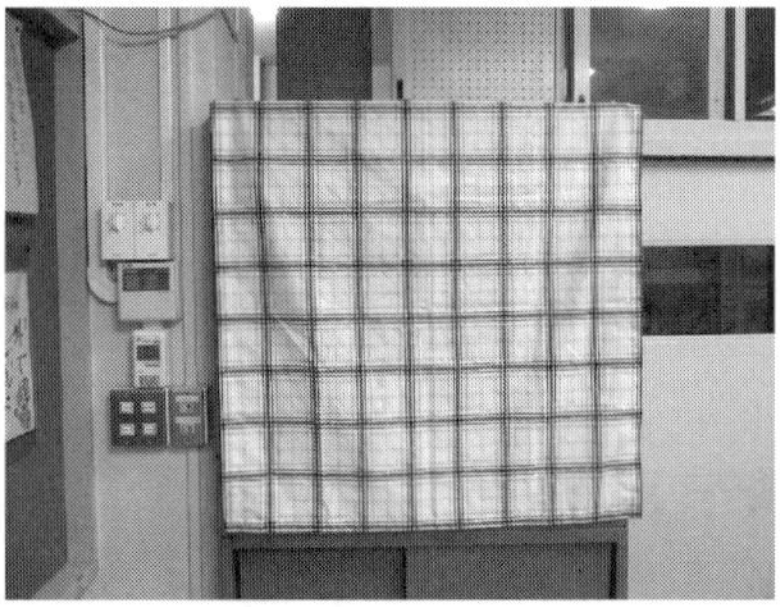

図2　本棚にカーテンをかける

図3　黒板の色に合わせた時間割

と、より効果的になる。図3の時間割は、背景を黒板の色と合わせて作っている。

⑷ 個別スペースを作る

授業中に一人で集中したいのに、まわりの様子が気になってしまい、気が散ってしまうことがある。そんな子どもたちが、一人で静かに過ごすことができるように、教室内に個別のスペースを用意しておく。

図4は、壁に机を向けて、一人で集中して学習できるようにしたものである。

図5・図6は、子どもたち数名で作業などができるように作られた場所である。こうした空間は、教室の中のいやしの場

図4　個別の学習スペース

図5　畳カーペットで作った和室

図6　テーブルマットを引いた机

図7　机の仕切り

所となり、クールダウンするときに活用することができる。

(5) 机に仕切りを置く

道具が机上にたくさん出ている授業では、つい子どもたちの気持ちがそちらに向いてしまう。理科室、図工室など、四人掛けの机の教室では、隣の子の様子が目に入りやすい。そんなときには、板目紙をつないで作った仕切りを置くと、自分のやることに集中することができる（図7）。

わかりやすい環境のための工夫

学校生活では、たくさんの課題や分単位のスケジュールの中で、何をしていいかわからなくなってしまっている子どもたちがたくさんいる。そのような子どもたちのために、環境面から、子どもたちの「わかりやすさ」を促す支援をしていく。

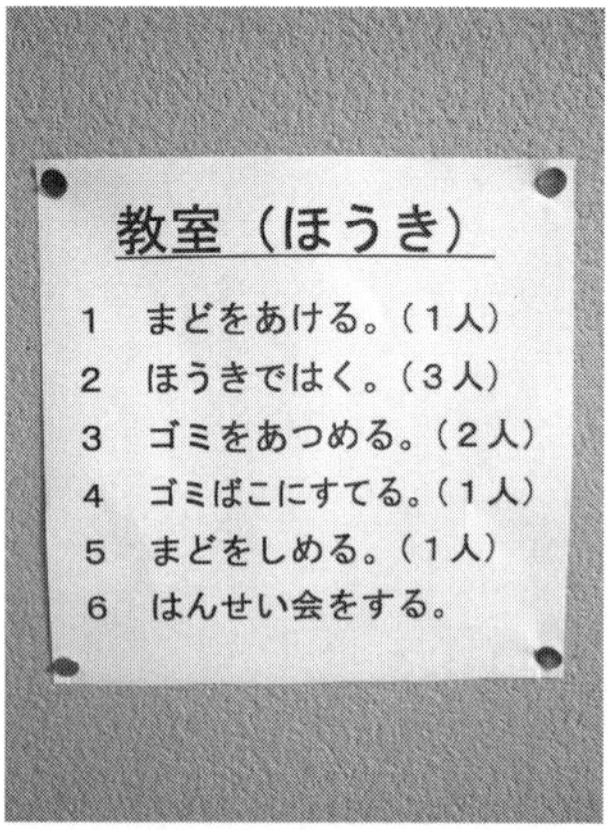

図８　掃除の手順

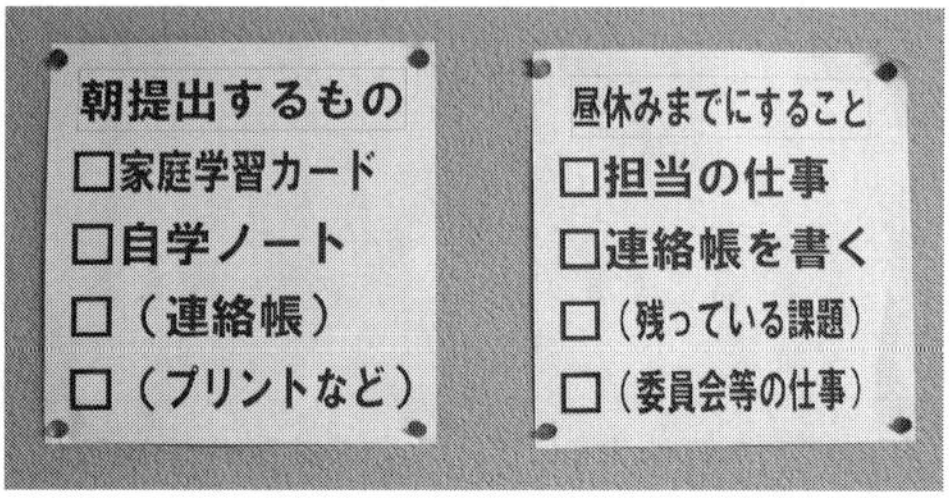

図９　毎日やること

(1) ルールやきまりを示す

学校のきまりやルールは、いつでも目にできるところに貼っておく。クラスで取り決めたことなども明文化して、貼るようにする。さらに、こうしたきまりやルールはコーナーをつくり、一か所にまとめることで、どこを見て確認すればよいのかがわかりやすくなる。

(2) 当番や係の仕事内容を掲示する

日替わり、週替わりで仕事の内容が変わってしまう日直や給食、掃除などの仕事は、何をすればよいのか表示しておく（図８）。

言葉の説明だけでなく、写真をつけることで、よりわかりやすくなる。

(3) ルーティンワークを掲示する

教室には、毎日、同じようにくりかえされる仕事がたくさんある。たくさんのことを同時に処理することが苦手な子にとっては、こうしたルーティンワークを、つい忘れてしまうことも多い。そこで、毎日出すもの、毎日やることを掲示して見えるようにしておくと子どもたちが動きやすくなる。時間や内容を合わせて示せるとさらにわかりやすくなる（図９）。

(4) スケジュールを掲示する

見通しをもって活動できるように、その日の時間割を掲示しておく（図３）。

その日の時間割だけでなく、一時間の授業の大まかな流れも掲示することで、より見通しをもって学習できるようになる（図10）。

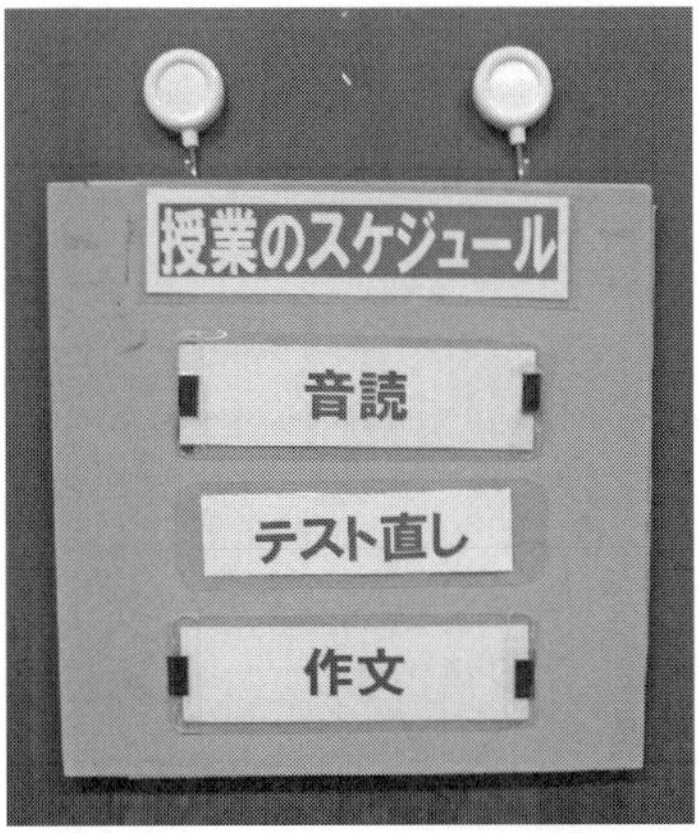

図10　授業スケジュール

(5) 時間を視覚化する

いつまでやればいいのか、どのくらいやればいいのかがわかるようにキッチンタイマーなどを使って、時間を視覚化する。

図11のタイムタイマーを使うと、残り時間を視覚的にとらえることができる。

図11　タイムタイマー

図 12　クラスの目標

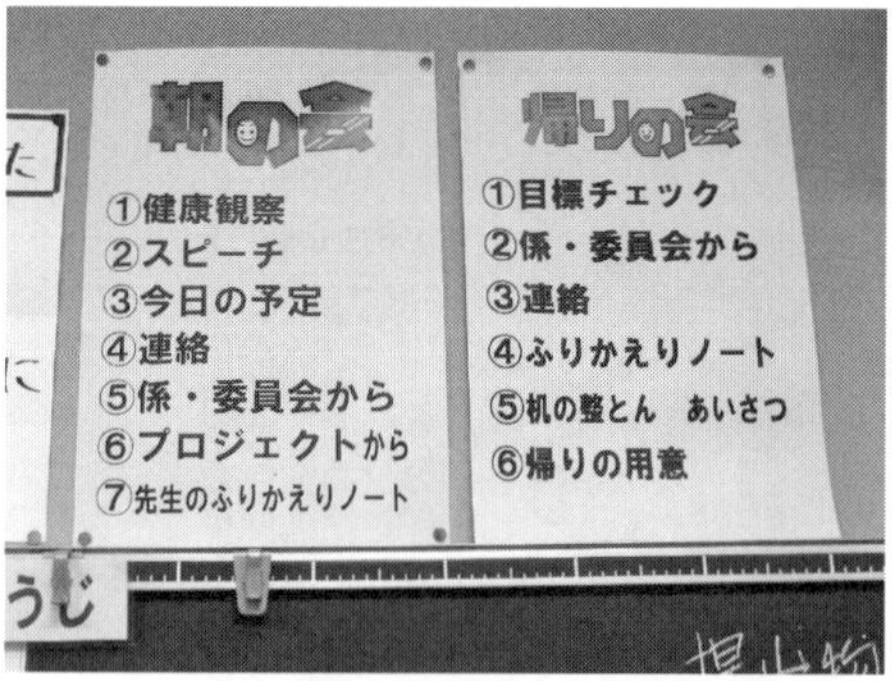

図 13　朝の会，帰りの会の手順

図 14　並ぶ位置を示すマーク

(6) 伝えたいことは目立たせる

子どもたちに伝えたいことは、あえて大きく掲示したり、目に入りやすいところに貼ったりする。

担任が日頃から大切にする思いは、教室前面に大きく掲示する（図12）。

朝の会、帰りの会の内容は、前に立っている子が見やすいように後方に掲示しておくと、前を向きながら会を進めることができる（図13）。

(7) 位置を示す

状況が許せば、教室の床に油性マジックなどで、いくつかの印をつけておけるとよい。

机を整然と並べるためには、机の位置の印をつけておく。前や横にそろえることが苦手な子どもでも、印があればそこに机の脚を合わせるだけなので、机がそろえやすくなる。

日直や発表などで前に立つときの立ち位置も、床に示しておくとよい。前に出ると、つい後ろに下がってしまう子が多いが、先生から指示されなくてもその場所に立つことができる。

授業中にノートを見せに教卓の前に並ぶときなどは、トラブルが多い場面である。

図14のように並ぶ位置を数名分示しておくと、間隔を空けて並ぶことができるので、余計な接触をせずに済む。

4 そこにいる子どもたちのための教室づくり

落ち着きのために刺激を減らすことを考えると、教室掲示は少ない方がいい。わかりやすさのために指示や説明を見える化しようとすると、教室掲示は増えていく。

このように子どもたちの過ごしやすさを考慮している環境づくりであっても相反する結果をもたらしてしまうことがある。

大事なことはその教室を使っている子どもたちが、過ごしやすいかどうかである。だから、ここであげた工夫をそのまま行うのではなく、その教室にいる子どもたちにとっての過ごしやすい環境、学びやすい環境を考えなければならない。

教室環境のユニバーサルデザインは、こうであるとよいという方法ではなく、その教室の子どもたちのための支援としてとらえていきたい。

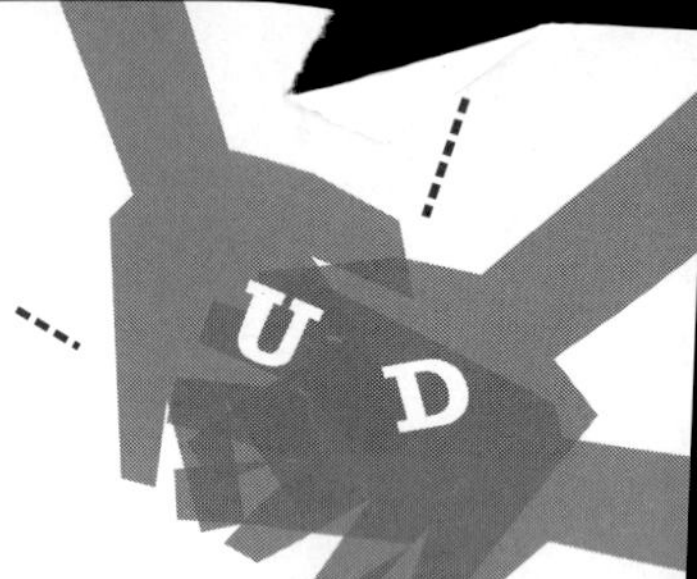

どの子も学びやすい授業作りのために

小貫《こぬき》 悟《さとる》

授業のUDモデル

言うまでもなく、授業作りは簡単ではない。しかも「すべての子が〈わかる〉〈できる〉」ことを目指す授業には多くの工夫が必要になる。そこで、本稿ではユニバーサルデザイン（以下ＵＤ）授業を作る上での視点について解説する。図1をご参照いただきたい。このモデルをＵＤ授業を議論するにあたっての下敷きとして提案したいと思う。

まず、この図の見方から説明する。真ん中にある三角形の図は「授業の階層性」を示したものである。授業の最も土台となっているのは、子どもの〈参加〉である。授業は参加しないと始まらない。しかし、ただ参加すればよいというものではない。当然〈参加〉の上に〈理解〉が乗る。授業では参加した上で理解できるかどうかが何より重要である。また、理解したものは、自分のものになっていかなければならない。授業中には理解できたけれど、後で尋ねるともうわからなくなっているような状態では、授業から学んだことにならない。つまり〈理解〉階層の上には〈習得〉〈活用〉階層が乗る。この三角形の左側には、発達障害のある子が持つ〈授業でのバリアを生じさせる発達障害のある子の特徴〉を列挙した。三角形中のそれぞれの階層ごとに関連が深い特徴を配置している。さらに三

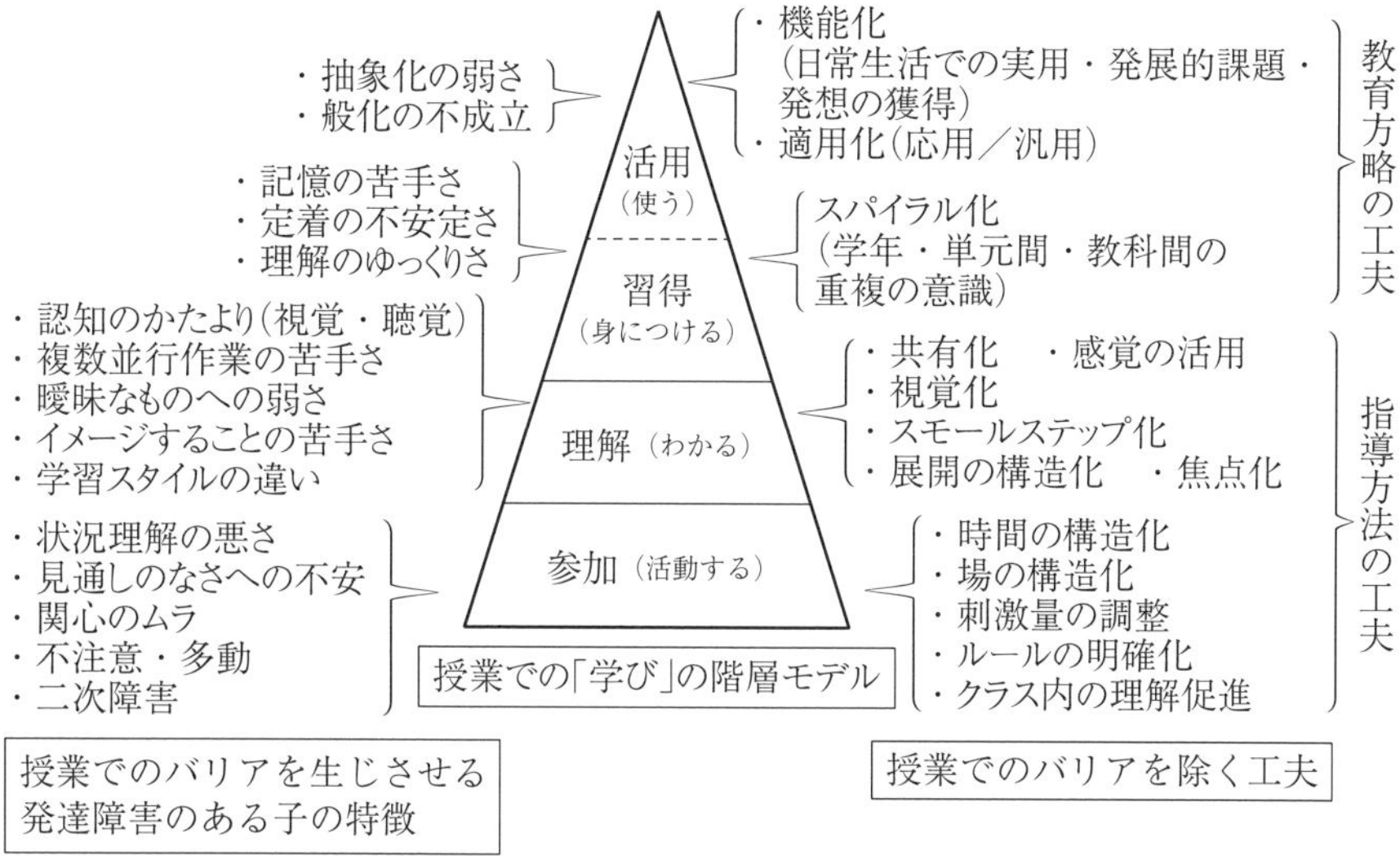

図1　授業のUD化モデル（小貫・桂，2014[1]を修正）

角形の右側には、左側の特徴を授業内でカバーするための視点を配置した。ここに示した視点について以下に一つ一つ解説する。ちなみに図1に配置した各視点は下部に置かれたものであればあるほど上部の視点を支える要素になっている。そのため、解説の順も図1の下部から上部へという進め方で行う。

〈参加〉階層

(1) クラス内の理解促進

発達障害のある子のことをクラス内の他の子が適切に理解できるようにすることが担任には求められる。クラスの中に、発達障害のある子の学習のゆっくりさをからかうような雰囲気がないか、その子の弱さをサポートする雰囲気が作れているかなどがチェックポイントである。発達障害のある子をクラスで支えていく雰囲気作りが、結局、どの子もお互いに支え合う雰囲気を作る。間違うこと、わからないことを安心して表明できる関係が作られているクラスでは、教師が授業のUD化を進めやすくなる。

(2) ルールの明確化

暗黙の了解事項やルールの理解が極端に苦手なのが高機能自閉症のある子の特徴である。授業内のルールも暗黙に決まっていることが案外多い。この授業ルールの運用が上手にできずに結果的に授業に参加できない子がいる。質問の仕方、意見の伝え方、話し合いの仕方などにある程度のルールが設定されている方が、授業内での振る舞い（参加）がしやすくなることがある。どの子にも理解しやすいルールを設定したい。

(3) 刺激量の調整

ＡＤＨＤの子は周囲の刺激に反応しがちな子である。授業に集中してほしいときに気を散らす刺激があると授業から気持ちが離れることがある。教室作りの一環として、教室内の刺激（掲示、音、目に入る人の動き）などを極力減らす工夫をしてみるとよい。

(4) 場の構造化

自閉症へのアプローチとして有名なものの一つに教室空間に一定の規則性を持ち込むことで、行動しやすく、使いやすくする「場の構造化」と呼ばれる手法がある。これを通常学級に応用的に導入すると学級における学習活動の効率が上がる効果がある。例えば、教室内のすべての物品に定位置が決まっていれば、全員が無駄な動きなくその物品を使うことができる。

(5) 時間の構造化

学習内容がわからなくなる前に学習活動の迷子が先に起きている場合がある。各授業ごとに活動の流れを示す工夫があると、授業内での迷子を防いだり、迷子になったときに適切な活動に戻ることができる支援になる。例えば、授業のスタート時に時間内の流れを書いたものを提示するなどの方法である。授業で学習活動の迷子が目立つ子がいる場合にはこうした方法の導入も検討してみてよいだろう。

〈理解〉階層

(1) 焦点化

理解階層の中でも最重要なものがこの視点である。授業の〈ねらい〉や〈活動〉を絞り込む視点である。適切にフォーカスした〈ねらい〉と的確にシンプル化された〈活動〉によって、授業が「ゴチャゴチャ」しないようになる。発達障害のある子は授業内の活動が「ゴチャゴチャ」すると途端についていけなくなる。

(2) 展開の構造化

〈ねらい〉と〈活動〉が焦点化されたら、それに合わせた「展開」が工夫される。論理的かつ明示的な展開であると、多くの子が授業に乗れ、活躍しやすくなる。逆に展開がわかりにくい授業では、子どもは正しい方向への試行錯誤ができなくなり、その結果、思考のズレ、離脱、あきらめなどが生じやすくなる。

(3) スモールステップ化

ある事柄の理解を達成するために、達成までのプロセスに細やかな段階（踏み台）を作ることで、どの子も目標に到達しやすくする。この方法を使うときの留意点は、用意された踏み台を使った方がよい子もいれば、使わなくてもよい子もいるということである。できる子にまで踏み台の使用を強要すると逆にモチベーションを失わす原因にもなる。

(4) 視覚化

これは、情報を「見える」ようにして情報伝達をスムーズにする工夫である。一般に授業は主に聴覚情報と視覚情報の提示によって行われる。この二つの情報を同時提示することで授業内の情報が入りやすくなる。実際には授業は聴覚情報提示が主たる情報伝達手段になっていることが多い。ここにさらに授業者が視覚情報提示を意識することで情報伝達に二つの経路を作ることができる。

(5) 感覚の活用

発達障害のある子の中には「感覚的に理解する」「直感的に理解する」ことが得意な子がいる。感覚的にとらえたことを、認識に変えていける工夫を授業の中で行うと効果的な支援になることがある。例えば、国語の教材文を読み、それを演じてみると、そこから得た感覚から文字情報だけではわからなかった深い内容読解が可能になることがある。

(6) 共有化

例えばペア学習、グループ学習など子ども同士で行う活動を導入していく視点である。協同学習、学び合いなど様々な呼称で授業研究ではすでに大切にされてきた方法である。挙手指名型の授業は「できる子」のための授業になりやすい。子ども同士の相互のやりとりによって、理解がゆっくりな子は他の子の意見を聞きながら理解を進め、理解の早い子は他の子へ自分の意見を伝えたり、説明をしたりすることでより深い理解に到達できる。

ここまでに記述した視点は、機械的に授業に導入されることを嫌う。つまり形骸化を避けなければならない。「視点を入れて授業を作ることがUD化になる」と考えると間違う。視点はあくまで「授業のUD化に役に立つもの」に過ぎない。極端に言えば、授業のUD化に際して、これらの視点のいずれも使用しないで組み立てることもありうる。では、各視点は、どう授業の中に導入されていくべきものなのであろうか。ここで確認しておきたいのは、どの視点も子どもが授業中に「考える」ことができるためのサポートとして機能しているという点である。「考える」ことなしで「理解」に到達することはできない。授業の「理解」を目指すこの階層では、授業中に考え続けることが可能になる工夫が必須である。「考える」ことができる授業を目指すことが授業のUD化そのものであり、そのためのアイディアが「視点」としてまとまったと考えれば、妄信的に視点を入れるようなことなく、効果的に選択し、導入することができるはずである。

〈習得・活用〉階層

(1) スパイラル化

教科教育の内容はスパイラル（反復）構造になっている。つまり、ある段階で学んだことは、次の段階で再び必要となる。これは既習事項に再び出会うチャンスは多いということである。こうした教科の構造を利用して、前の段階では理解が十分でなかったことをもう一度丁寧に説明する機会としたり、再度の理解を行う機会にする工夫を入れることで、学んだ内容を本当に自分のものにできる。

(2) 適用化／機能化

「活用する」とは、学んだことを応用、発展させることである。ここで、基本事項を別の課題に「適用」してみたり、生活の中で「機能」させてみたりすることで、授業で学んだことが本当の学習の成果となっていく。こうした機会を意識的に作りたい。

この習得・活用階層に関するUD化研究はまだ緒についたばかりである。一人の子をフォローするような数年がかりの研究があって初めて、有効な手だてが見えてくる。今後の課題と言える。

以上、授業のUDモデルを中心に授業作りを論じた。ここに書いたものは、授業のUD化にあたり、ほんの入門的な視点に過ぎない。教科教育の深い研究と融合させて、様々なアレンジを加えていくことが必要である。

〔文献〕

(1) 小貫悟・桂聖『授業のユニバーサルデザイン入門――どの子も楽しく「わかる・できる」授業のつくり方』東洋館出版社、二〇一四

4

クラスの「気になる子どもたち」を対象にしたユニバーサルデザイン

個に特化した支援の検証と学級経営・授業研究の充実

川上《かわかみ》康則《やすのり》

UD論が通常学級の授業研究にもたらしたもの

"Nothing about us without us."(私たち抜きに私たちのことを決めないでほしい)という言葉がある。国連の障害者権利条約策定の過程で大切にされ続けてきた、当事者の立場を尊重する言葉である。通常学級のユニバーサルデザイン(以下、UD)を論じるのであれば、発達につまずきがある子どもの視点からの検証は欠かせない。検証活動を通して、「誰のためのUDなのか」を常に問い続ける必要がある。

これまで、通常学級で授業研究といえば「教材研究」と「教授法研究」が中心であり、その多くが、いわば「教えやすさ」の原理原則を明らかにしようとするものであった。これに対し、UD論は「子どもの学びにくさ」から出発するという新しい視点をもたらした。これを「学習者研究」と呼ぶことにしたい。

従前の授業研究で、子どもが語られなかったかといえば決してそんなことはない。しかしその多くは、実態のない平均層的・中間層的な子ども像が語られているに過ぎなかった。具体例を挙げれば、「この学年ならこう教えるべきだ」とか、「子どもというものはこう考えるものなのだ」という論調が繰り返されるばかりであったように思う。実態のない平均的な子ども像の設定のもとに進められた「学習者不在」の授業では、当然のことながら、学びが進みにくい子どもが出てしまうし、簡単すぎて退屈に感じてしまう子どもも生み出してしまう。結果的に、「より多くの子どもがわかる授業」からは遠ざかってしまう。

それに比して、UD論のもとではターゲットとなる子ども像が明確である。まず、その授業において最も学びにくさを感じる子どもに焦点を当てる。そして、彼らの学びを進める配慮や工夫がその周囲の子どもたちにも役立てられるものであるかどうかを確認する。学習者が明確に示されているからこそ、授業研究の方向性と課題が明確になる。

UD論は、これまでの授業研究スタイルに一石を投じるだけの価値がある。だからこそ、全国的に自治体レベルや学校レベルでの研究が進められているのだろう。これからは、教材研究・教授法研究・学習者研究という三つの切り口で授業研究が語られるのが当たり前の時代になるだろうと思料する。

特別支援教育サイドにUD論が突きつけたもの

平成一九年度のいわゆる「特別支援教育元年」以来、発達障害等がある子どもたちの学びを支える巡回相談システムが定着してきている。巡回相談とは、主に特別支援教育サイドの専門的知見を持つ者が通常学級の教師に指導・助言するコンサルテーションの制度である。UD論は、こうした巡回相談を担当する（私のような）特別支援教育サイドの者にも、通常学級での支援を語る際に不可欠な視点を提起している。その視点とはすなわち、各教科に固有の本質的な部分や、学級経営の理論、そして集団になると抱きやすい心理的側面などを十分に考慮し、通常学級での実現可能性を踏まえた支援を提示すべきであるということである。

特別支援教育サイドの人間は、前述の「学習者」の視点に立って、子どもの特性を把握し、適切な個別的支援ニーズを導出するというプロセスに長けている。しかしながら、通常学級は「個別的な支援」だけで動いているわけではない。むしろ、教師が特定の子に個別的に対応できるのは、一日のうちのごくわずかな時間しかないのが現実である。実際のコンサルテーションにおいても、このような一斉指導場面の中で実現可能な個別支援を伝えていかねばならない。

当初、ＵＤ論は特別支援教育サイドからの発信であった。しかし今後はますます、教科教育・学級経営・特別支援教育の三つの領野が相補的・融合的に取組みを進めていく色合いが濃くなっていくであろう。

通常学級での支援はクラスワイドな取組みから

特別支援教育への理解は広がってきている。通常学級においても、子どものつまずきの背景を正しく理解し、適切に支援しようという流れになってきた。

しかし、前述のとおり、通常学級でつまずきのある子どもだけに特化した支援を行うことは時間的、人員的な制約があるため非常に難しい。加えて、個別的な支援は周囲の子どもの目には「ひいき」や「特別扱い」と映ることもあるということに配慮しなければならない。したがって、クラス全体の取組みの延長上に個別的な支援を位置づけるという発想が大切になる。

「共感」と「嫉妬」は，紙一重

	共感が広がるクラス	嫉妬が支配するクラス
友だちがほめられる場面 ⇒	・自分のことのように嬉しい ・私も見習いたい	・あいつばかりズルい ・オレは認めてもらえていない
友だちが叱られる場面 ⇒	・気の毒に ・自分も気をつけよう	・いい気味だ ・ざまあみろ
	⬇ **「人のふり見て我がふり直せ」が成立する** 個別に特化した支援を可能にする土台となる。	⬇ **・ちょっとしたことでトラブルになる** **・足を引っ張り合う** 個別に特化した支援は，不公平感を生み出しやすい。

図１　共感が広がるクラスと嫉妬が支配するクラスは紙一重
（阿部利彦，2012. 7 .31. 講演会資料を一部改変）

(1) 共感・安心のあるクラスづくりを優先的に

通常学級において、個に特化した支援は「共感」が広がるクラスでなければうまく機能しない。たとえば、クラスメイトがほめられるのを見て「私も見習いたい、そんな行動をしたい」と思ったり、叱られている場面を見て「気の毒だな、自分はそうしないように気をつけよう」と思ったりできるような子どもが多いクラスであれば、個別的支援も許容される。ところが、共感と嫉妬は紙一重なところがある。嫉妬が支配するクラスでは、「自分は認められていない」「あの子ばかりズルい」という気持ちが子どもたちの間で広がりやすくなる（図1）。

共感と安心のあるクラスにする方法の一つを紹介したい。それは、学級目標を常に意識し、日々活用することである（図2）。進め方は以下のとおりである。

①まず、学級目標に見合った行動が見られたら、「今、学級目標のことを考えて動いたね」とか「こういう行動がクラスで増えていくといいね」と即時評価を繰り返し行う。こうして学級目標を価値づけていく。

②やがて、「オレだってちゃんとやってるんですけど！」とうったえてくる子どもたちが現れる。ここでほめてしまうと嫉妬が広がることを助長してしまうので、特にほめることはしない。

③繰り返し指導していくと、学級目標にふさわしい行動をとる友だちのことを報告に来てくれる子どもが現れるようになる。行動を起こした子どもと、報告に来てくれた子どもを両方ほめるようにする。共感が広がり始めると、こうした場面が増える。

学級目標を“飾り物”にしない

（1）学級**目標**を明確にする
子どもたちが，何を目指すか共有できる

（2）目標に向かう行動に**価値づけ**を与える
学級としての誇りと財産が生まれる

（3）学級の**歴史**を築く
学級への愛着，学級全体の向上意識

図2　学級目標を“飾り物”にしない

このように、個に特化した支援を可能にするには学級の今の状況を読み解く必要がある。学級経営は、個別的支援の土台であるといえる。

(2) つまずきのある子の特性を全体指導に取り入れる

授業実践にあたっては、発達につまずきのある子どもの特性を全体指導のヒントにするという考え方から始めるとよい。図3は、スローラーナー（理解の速度に課題がある）、ＡＳＤ（自閉スペクトラム症）、ＡＤＨＤ（注意欠如多動症）、ＬＤ（学習障害、またはＳＬＤ：限局性学習症）がある場合に、学習場面においてどのような対応をとればよいかを整理したものである。

教師の投げかける一言は、クラス全体への影響が大きい。個別的な支援はあくまでも対象の子どものためのものなのだが、それが全体指導の枠を超えて対応される場合には、さりげなく取り組まれる配慮も必要である。周囲の子どもたちに不公平感を抱かせるような関わりになってはいけないし、個別的な対応が対象児のプライドを傷つけてしまうような関わりになることも避けなければならない。クラスの共感を育てつつ、指導や配慮が必要な子どもに支援を確実に届けるようにするためには、障害特性に由来する学習面のつまず

障害特性に由来する「学習面のつまずき」への対応

●理解の速度に課題がある場合	●ASDがある場合
・質問をクローズド・クエスチョン（「Yes-No」や「A or B」で答えられる質問）にすると考えやすい ・情報を精選し，比較させると分かりやすい	・視覚的な手がかりを活用すると有効であることが多い ・大枠をあまり変えないほうが見通しが立ちやすい ・気持ちの変化などについては，部分への着目を積み重ね，全体理解につなげるとよい
●ADHDがある場合	**●LD（SLD）がある場合**
・一指示一行動を原則とする ・ペア発言，動作化，劇化するなどで出力場面をつくるとよい ・サプライズ（新規教材やちょっとした仕掛け）を用意することで，興味が持続しやすい	・適切な支援ツールを活用し，対象児以外にも希望に合わせて使えるようにする ・書くよりもまずは「理解」にエネルギーを使わせるとよい ・書く前に，話す・聞く活動を通して，イメージを深めておくとよい

図３　障害特性に由来する「学習面のつまずき」への対応

きへの対応を全体指導に積極的に取り入れることも大切である。

学習者視点を問い続けることの意義

通常学級におけるUD論は、今後もますます盛んに研究対象となっていくことと思う。その一方で、ユニバーサルであることが強調されすぎると、「みんなによい」ことのほうが優先されてしまい、「みんなにとってよいものは発達障害がある子どもにもよいはず」という曲解・落とし穴につながる危険すらある。「誰のためのUDなのか」を常に問い続けねばならない。

また「UDありき」が招く形骸化への懸念も出始めている。UDは、決して固定的なものではなく、要件を満たしさえすれば事足りるといった性格のものではない。本来は、子どもの学びを深めることが目的であり、その実現のための手段であったはずのUDが、いつしか目的化し、表面的に方法をなぞるだけになっていないだろうか。UDは、万能薬を目指すものでもなければ、絶対的な方法でもない。子ども不在の「まずUDありき」の実践だけは、厳に慎まねばならない。そのような意味からも、検証作業はUDの本質を問い続けることにつながるのではないかと考える。

〔文献〕

・内山登紀夫（監修）、川上康則（編）『通常学級でできる発達障害のある子の学習支援』ミネルヴァ書房、二〇一五

・川上康則「ユニバーサルデザインの本質を見きわめる」『日本LD学会会報』第九四号、四—五頁、二〇一五

・小貫悟・桂聖『授業のユニバーサルデザイン入門——どの子も楽しく「わかる・できる」授業のつくり方』東洋館出版社、二〇一四

・川上康則「発達につまずきのある子どもの視点から授業のUD化を検証する」阿部利彦（編著）、川上康則・片岡寛仁・上條大志・久本卓人（著）『通常学級のユニバーサルデザインプランZero2　授業編——気になる子が多いクラスを変える5つのテクニック』東洋館出版社、二〇一五、一二五—一四七頁

通常学級の中で行う学習支援員と連携したナチュラルサポートについて

藤《とう》堂《どう》栄《えい》子《こ》

通常学級の中で学習の困難さを示す児童生徒の数は文部科学省の調査(1)では四・五%と出ているが、実際には気づかれずに本人が困っている場合は大変多いと思われる。

学習支援員という名称はNPO法人エッジが平成一七年度に東京都港区と協働して制度を確立するときに付けたものであり、平成一九年から本格的に始まった「特別支援教育」の中でも重要な柱である。

もともとはディスレクシアに対する支援を考慮したが、読み書きなどの学習面だけではなく、通常学級の中で教育的なニーズのある人たちに対して全人的に支援ができる人材の育成をして、その上で必要に応じて配置する制度に至った。

文部科学省のいう合理的な配慮の中で、支援する人の配置も列挙されている。

エッジでは学校の中で教員を補佐し、児童生徒が活き活きと学級内の活動に主体的に参加できるよう支援する人たちをイメージしてLSA（Learning support assistant：学習支援員）と呼んでいる。国では特別支援教育支援員といわれ、地域によってさまざまな呼び方がある。現在では幼稚園や高等学校までも特別支援教育支援員が配置できるようになっている。

また、東京都では二〇一六年から特別支援教室をすべての学校に設け、専門員を配置することとなったが、専門員の十分要件として特別支援教育支援員に二年以上携わったこととあり、需要は増えている。

教室の中で支援する児童生徒たちは？

学校からの支援の要請はほとんどが社会性や行動面での支援であるが、該当する児童生徒たちは社会性、行動、感覚の異常に加えまたはそれゆえに学習の困難さがみられることがある。また、不器用さがあり、作業を伴う学習で苦労していることもある。

学習支援員ができることは限られているが、できることを最大限に発揮してもらうためには事前の研修が必須である。それも一日二日の学校についての知識だけではなく、学校の中での教育的なニーズとは何か、その中でも多数を占める発達障害の基礎知識、自分たちの果たす役割、教科に求められるもの、教科以外の活動、実践的な支援法や当事者（本人、教員、保護者、先輩LSAなど）の理解など多岐にわたる。そして、LSAとして支援についた後も事例検討や新しい見地の学習など継続したブラッシュアップが求められる。

学習支援員の心得

学習支援員は、チームの一員として担任と連携して支援をする。対象となる児童生徒について十分に情報共有をする。具体的には目的の共有をして、手だてを考え、役割分担をして、実施して、振り返り、次の目標設定に活かす（少なくとも月一回）。

ニーズに合わせての支援を心掛ける。そのためには担任と支援の目標を具体的に、ポジティブに、そして優先順位をつける。

また、学習支援員になる方は熱意がある方が多いのだが、大切なことはやり過ぎないことである。本人の自主性や主体性が育つような支援が望まれる。あくまでも支援であり、指導ではないので教員免許を持っていたとしても取り出しての指導はできない。

よく見かけるのが、学校側も安心して、または家庭側からの要望もあり、教室内の課題とは全然違うことを学習支援員と児童生徒にやらせていることがある。教室の中の一人として自立し、参加できるように学習支援員はフェードアウトすることを目標として支援することが望まれる。

学習支援員の役割

教育委員会や学校、担任にもよるが、概ね次のような役割がある。一人一人のニーズに応える、学級の中のその日の課題にこたえられるように、環境整備、周囲との調整、担任との連携などが求められる。

二人の世界を作るのではなく、教室の中で活き活きとできるようにサポートすることも大切である。

学習支援員の果たす役割は多岐にわたるが、ここでは主に学習に困難さを示す児童生徒に対する学習支援について述べる。行動面の問題や社会性の問題で支援に入っていても、表面に出てきている困難さが支援により軽減すると、残るのは勉強についていけない、板書ができないとなる。またその反対に学習の困難さが原因となって「問題行動」を起こしている場合は、学習の支援が進むと行動や社会性の困難さが軽減されるので、切り離した支援は考えられない。

文部科学省のガイドラインでは、発達障害の児童生徒に対する学習支援の例として「読み取りに困難」「書くことに困難」「聞くことに困難」「学用品など自分の持ち物の把握が困難」が挙げられている。

学習支援員配置の効果

これらのことを念頭に支援をした結果、東京都港区の例では八年間に及ぶ支援により、学習支援員がついた児童で不登校になった子はゼロ、ほとんどの場合において二、三年で学習支援員がいなくても教室の中で自律的、自立的、自主的に参加ができるようになっている。

また、間接的には保護者が落ち着き、周りの保護者の理解が促進され、地域のつながりが進み、いじめを未然に防ぐなどの効果もあった。

学習支援員の入り方はさまざまである。低学年の間は一人につくことが多いようである。高学年になって自我が芽生えるころにはクラスにつくが対象児についてわかっている状況が好ましい。中学校ではグループにつく（数学、英語など）。

その他、人間関係の調整が求められている。その中には担任との連携、保護者との関係、周りの児童生徒との関係が含まれる。

5 実際の支援

支援の基本はまず気づきである。学校で個別の指導計画や支援計画が作られているのが理想なのだが、まだ、すべての学校の担任が一人一人の教育的ニーズまで把握している状況にはほど遠いのが現状である。学習支援員のできることも個別の指導計画や支援計画に組み込まれているはずであるが行き届いているわけではない。

学習支援員は児童生徒の様子をしっかりと観察して、自立のために必要なことから手掛けることとなる。できないことに目を向けるのではなく得意、好き、できるところから始めるのもコツである。困った行動があるのならその行動の引き金を知ろう。得意なところを活かしての支援を考えよう。

その上でまず、環境を整えることが大切である。本人はどのような学び方が向いているのか、これを「ラーニングスタイル」と呼んでいる。WISCで聴覚優位と出たからといって言葉だけで指示を出していたら、関係性が悪くなるようなケースを多く見てきている。

次にどのようなスキルをつければこの困難さが軽減できるのかを考える。教材の工夫、指示の出し方、AT（支援技術）、教材のわかりやすさ等に配慮、校内の表示の方法、掲示物の見せ方、口頭の指示だけではなく掲示する、絵で見せる、色分けする、見通しをつけられるような工夫などが挙げられる。

AT（アシスティブ・テクノロジー、支援技術）の活用

ATにはハイテクまたはタブレット使用をはじめとするICTがある。その他にもデジカメやICレコーダーほか先端機器やデジタル教材、音声教材などの活用がある。先端機器を使うだけがATではなく、カラーシート、カード、持ちやすい筆記器具、見やすい教科書、音声化したもの、絵カードなどを活用した支援もいろいろと考えられる。

負荷を軽減する工夫

例えば国語の読みが困難な場合はフォント、サイズ、行間を変える、音声教材などで内容を把握する、読むことより理解することに支援の比重を置くなどの支援が考えられる。

ラーニングスキル

一人立ちしていく中で身につけることが望ましいス

キルには、①手元を見ずに指の動きで打ち込むタッチタイピング、②考えをまとめて展開するマインドマッピング、③英語を読めるようになるジョリーフォニックスに代表されるシンセティックフォニックスなどがある。

試験のときの配慮としては、別室受験の付き添い、問題の読み上げ、答えの代筆などが考えられる。

この他にも学習支援員ができることとして、表示などをわかりやすくする、指示を伝えるとともにメモする、見通しがつくようにする（絵カードや四コマ漫画）、整理しやすく工夫をする（色テープなど）、使いやすいように工夫する（笛の穴の周りにノリで土手を作る）などが有効であった。

また、環境整備や学習に向かいやすいような支援をすることができる。授業前の準備、教室の環境、姿勢保持、クールダウンの場所の確保や付き添いなどがある。

例１：広汎性発達障害の診断を受けている小学校低学年男児の場合

公立幼稚園では卒園式の集団行動に参加せず、自分の気に入ったコーナーにいたかと思うと、整列している園児に手をだし、奇声をあげて逃げる、そして保育士と追いかけっこが始まる。

入学式の前日に学習支援員との顔合わせを含めリハーサルを行い、無事に入学式を終え、よいスタートを切ることができた。

その後、担任と連携をとり、ＳＳＴや応用行動分析の手法を使い支援をした結果、小学校五年生の現在、教室内でよく発言をして参加ができている。

例２：実は読み書きが困難だった小学校四年生男児

学校からは授業妨害がひどく、行動面の問題への対応を求められた。観察の結果、実は板書が遅く、できない、音読が苦手などＬＤの中でも読み書きの困難である可能性が見えた。当初自己肯定感が低く、学習支援員が近づくことを嫌がる。しかし、得意な図工の時間を利用して絵のように漢字の意味と音と形を連携させること、漢字練習などの負荷を軽減すること、音声教材を使って読むことよりも読解に力を入れる支援をした結果、授業の内容を理解できるようになり、落ち着きが出てきた。試験でも読み上げ、代筆などをした結果、学力アップし、二年ほどで学習支援員がいなくても担任の配慮と教室のチーム力で授業に参加ができるようになった。

例3：ADHDと診断された中学三年生

当初は学習に対して投げやりで周りに対して威圧的、机を投げるなど暴力的であった。教員からの「キミの行ける学校はない」という言葉でさらに投げやりになっていた。運動会でコミュニケーションをとることができたのをきっかけに得意の運動能力と、比較的得意な英語に注力して支援をし、運動能力と英語を活かして行ける高校を検討した結果、やる気を起こし推薦で大学の付属校へ早々と入学した。

2 大学ではどんな支援がある？

二〇一六年施行の障害者差別解消法に先んじて、全国の学力テストにおいてもすでに「各学校の判断により、当該児童生徒の障害の種類や程度に応じて、調査時間の延長、点字・拡大文字・ルビ振り問題用紙の使用、別室の設定などの配慮を可能とする」(2)とある。ふだんの配慮と同様の配慮をしてよいとあり、学習支援員による支援も代筆などの形で可能と思われる。

大学では入試にて読み上げ、代筆、時間延長、個室受験、チェック回答、拡大などがすでに認められている。授業でも、PC活用、レジュメを教授が用意することやノートテーカーの活用が始まっている。これらの配慮を受けるためには高等学校での対応が求められている。つまり小学校のころから配慮をしてもらい、自己理解と意思表示をして、配慮を受けられるようにしておく必要があるのだ。

〔文献〕

(1) 文部科学省初等中等教育局特別支援教育課「通常の学級に在籍する発達障害の可能性のある特別な教育的支援を必要とする児童生徒に関する調査結果について」平成二四年一二月五日 http://www.mext.go.jp/a_menu/shotou/tokubetu/material/__icsFiles/afieldfile/2012/12/10/1328729_01.pdf
(2) 文部科学省「平成二八年度全国学力・学習状況調査に関する実施要領」平成二七年一二月八日 http://www.mext.go.jp/a_menu/shotou/gakuryoku-chousa/zenkoku/1365022.htm

授業に集中できない子への支援

上條《かみじょう》大志《まさし》

はじめに

ある授業でAさんは、離席し友だちのところへ行ってしまった。もちろん叱られ、自席に戻った。離席の理由を確認すると、友だちが持っているプリンのにおいがする消しゴムが気になってしまったということだった。もちろん離席ということの子の課題は言うまでもない。しかし、見方を変えれば、プリンのにおいがする消しゴムの魅力に、授業の魅力が負けてしまったと言えるのではないだろうか。厳しいかもしれないが、これが現実なのかもしれない。やはり、魅力ある授業は、すべての子どもにとって最善の支援策なのであろう。

いくつかのケースを紹介する中で、授業に集中できない子へ配慮した授業づくりを考えていく。

ケース　授業中、集中時間が極端に短い子への支援

授業が始まったときには、頑張ろうと意気込んでいるが、授業が進むにつれて、手いたずらをしたり、ぼうっとしたりしてしまう子がいる。声をかけると、再び集中する。ただし数分だけ。その子の表情を見ていると、悪気はないように感じる。

子どもの集中時間は、一般的にどのくらいなのであろうか。Ｅテレ（ＮＨＫ教育テレビジョン）の子ども向け番組は、一〇から一五分程度の時間で設定されている。子どもに人気があるアニメ番組は、三〇分の放送枠に二話収録されていたり、ちょうど中間にＣＭが設定されたりしている。つまり、一〇から一五分を単位に設定されていると考えてよいだろう。では、授業はどうだろう。小学校の多くは、四五分の授業時間が設定されている。一五分の三倍ととらえられる。

これらのことから、子どもの集中時間として一五分が目安になるのではないだろうか。

授業への集中が続かない子が、集中しない時間をできるだけ生みださないように、授業展開を工夫する必要がある。まずは刺激がない学習活動が一五分以上続かないようにすることである。例えば、四五分の授業時間を三から四つに分割し、学習活動が展開されるように工夫する。たとえ子どもが興味を持ちそうな動画であっても、長い動画は、集中が途切れてしまうので、気をつけたい。

次に、手を動かしたり、視覚刺激を取り入れた学習活動をしたりするとよいだろう。表１(1)は、授業中の子どもの様子をビデオで観察し、集中が続いているときとそうでないときの様子をまとめたものである。集中を継続させるためには、視写や音読、手元の操作など、能動的な活動が有効である。能動的な活動がない学習場面では集中が途切れやすくなってしまうことからも、能動的な活動を意図的に取り入れる必要があるだろう。

表１　ある１時間の子どもの集中の様子（上條，2015[(1)]）

集中が続く	集中が続かない
視写	教師指示
音読	他児の発言
クイズ	一問一答
手元の操作	授業時間の超過
具体物がある少人数での話し合い	長時間の話し合い活動

ケース　話し合い活動で集中できない子への支援

教師の話を聞くときや、話し合い活動になると集中

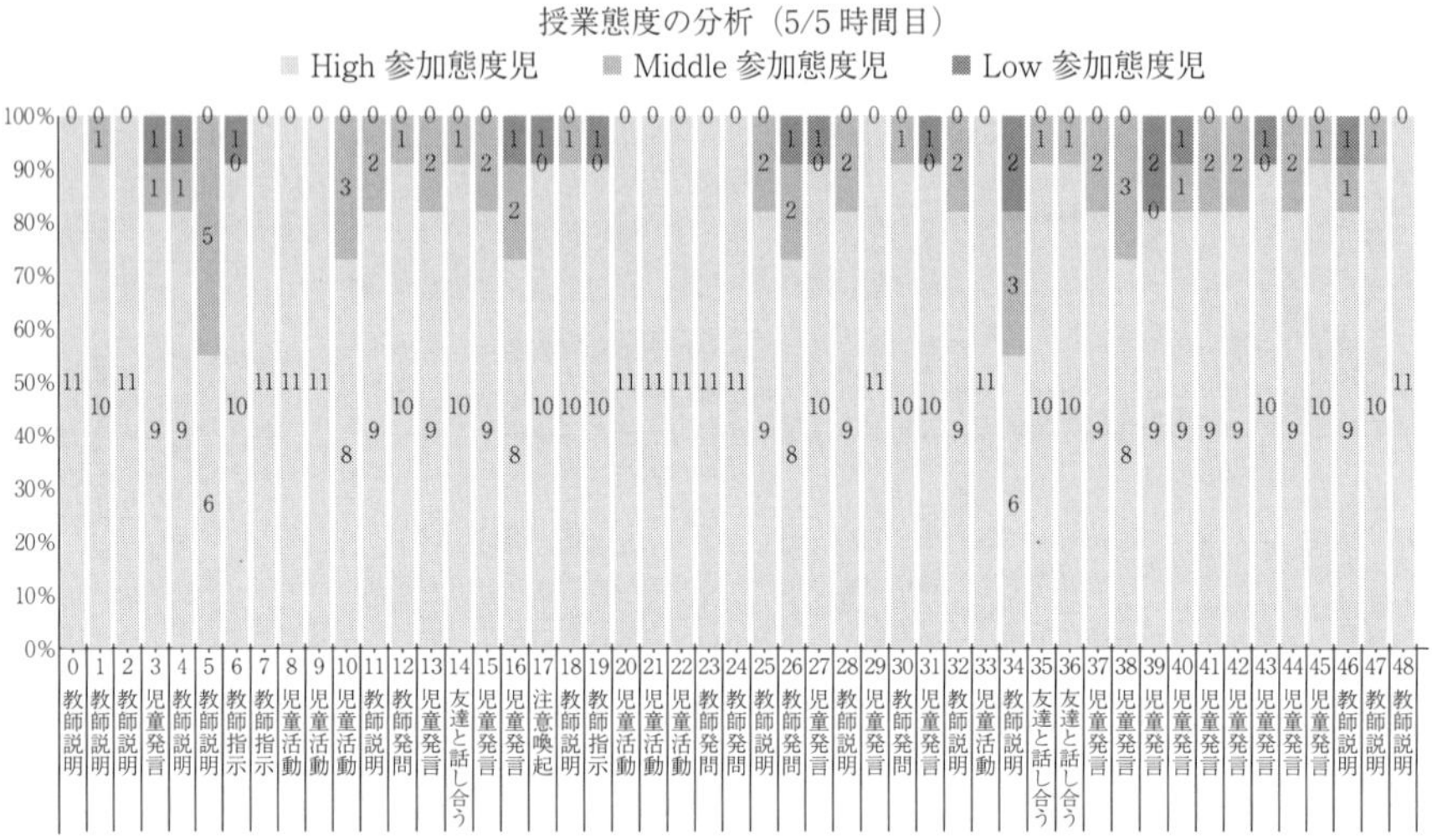

図1　授業態度の分析（上條, 2015[1]）

が途切れてしまう子がいる。「ちゃんと聞きなさい」と叱られることもしばしば。

　図1(1)は、通常の学級の一時間の授業について、授業の流れと子どもの学習参加態度を分析したものである。一分ごとに分析対象児童（中学年一一名）の学習活動への参加の様子を記録し、グラフ化した。設定した学習活動に対して、明らかに参加が認められる児童を「High参加態度児」、明らかに無関係な行動をとっている児童を「Low参加態度児」、どちらとも判断しきれない児童を「Middle参加態度児」とした。Middle/Low参加態度児の出現が多くなったのは、いずれも「教師の説明」場面であった。また、継続的にMiddle/Low参加態度児が出現しているのは、「児童発言」場面であった。この二つの結果から、受動的な聴覚刺激のみの情報交換場面で集中が途切れることがわかった。逆にMiddle/Low参加態度児の出現がない場面は、「児童の活動」場面がほとんどであった。つまり、受動的な聴覚刺激のみの情報交換を避けることが必要なのである。

　聞く場面で集中が続かないといっても、「聞く」ことは学校教育において避けられない。そこで、受動的な聴覚刺激が多い状態で集中が続かないということを考えると、能動的な活動を増やしたり、視覚刺激がある状態にしたりすれば集中を続けることができるということになるだろう。能動的な聞く活動を生むために有効なのが「ユニット学習」である。ペア学習やグループ学習と同じ意味である。

クラス一斉の話し合い活動は、一人が一分間話したとすると、四〇人学級では四〇分を費やすことになり、自分以外が話す三九分間は、聞くことに集中しなければならなくなる。これは、大人にとっても難しいことなのではないだろうか。そこで、少人数ユニット（二～四人）の話し合い活動を入れることで、話す機会が確実に保障される。さらに人数が少ないことから、聞くときにも直接的に話しかけられる対話の状態になるので、緊張感が生まれ、集中が高まるだろう。

また、話し合いの方向性を決めておくのもよい手立てである。例えば、三人のユニットを組んだとする。表2のように三人の理解度によって話し合いの方向性を決めておくようにする。子どもたち自身にアセスメントさせ、話し合いをさせるのである。すると、全員が話し合いでの立ち位置を自覚し、目的意識をもって話し合うことができるので、集中力も高まっていく。

また、視覚刺激を有効に使うためには、話し合いの際に手で操作し、指差ししながら話し合えるようにするとよい。テレビの画面や黒板、ノートなど、共に視

表2　ユニット学習による話し合いの方向性

状況	話し合いの方向性
全員がわかる	互いの考えが違うところをさがし，話し合う。
全員がわからない	どこがわからないのか共有し，解決策をさがす。
両方の立場がいる	どこまでわかって，どこからわからないのか確認し合い，わかる児童が教える。

線が送れるものがあると、注意を向けやすくなる。

ケース　子どものタイプによる支援の工夫

授業展開を工夫しても、うまくいかないこともあるだろう。さまざまな理由が想定されるが、発達障害が起因するものもある。次に紹介するのは、現場で教育実践を積んでいく中で見えてきた傾向であり、あくまでも例である。絶対的なものではないことをお断りしておきたい。

ＡＤＨＤタイプの子は、授業に集中できなくなると、離席や友だちへちょっかいを出し始める。しかしこれは、「授業につまらなさを感じて」という前提条件がある。楽しく、ワクワクする授業では、反応が早く、授業にテンポを生み出し活躍してくれるのがこのタイプである。アイディアとして、一部を隠した写真を提示したり、ブラックボックスのような演出などをしたりするのが効果的であろう。

知的好奇心をくすぐられることを好む傾向が強いＡＳＤタイプの子は、知的好奇心が満たされず、窮屈な授業のルールや雰囲気に縛られて、イライラを爆発させる傾向がある。そこで、学習内容と関連性のある教師の豆知識を紹介したり、「これは、中学生レベルの……」などのような言葉を付け加えたりすると、集中するきっかけを作ることができる。

ＬＤタイプの子は、授業内容がわかるように質問したり考えたりするよりも、わからないことを隠そうとすることに集中していく傾向がある。授業態度に目立った問題が生じないように思えてしまうので、本来なら、最も支援を必要とするのかもしれない。

ＡＤＨＤタイプとＡＳＤタイプの子たちの問題行動を生む共通の課題は、授業のつまらなさを感じているということである。授業改善をしていくことが、発達障害の疑いのある子どもたちへの最大の支援となるのではないか(2)。

おわりに

特別支援の視点を取り入れた教育のユニバーサルデザイン化は、子どもたちのために大変重要なものであり、さらに研究がなされていくことを期待している。

しかし、支援アイディアだけが独り歩きしてしまっていることもある。例えば、教室の前面への配慮として、黒板横にカーテンをつける支援アイディアがある。これは、とても有効な支援策であると思う。ある教室で、同様にカーテンをつけていた。しかし、そのクラスの子どもたちは集中力がない。なぜだろうか。その教室は、エアコンなどはなく、夏場には、窓を全開にして暑さをしのいでいた。もうおわかりかもしれないが、窓から吹き込む風で、黒板横のカーテンがゆれ、かえって集中を乱す原因となってしまっていたのだ。さらに言えば、そのカーテンは、閉じっぱなしであった。それならば、もとより掲示物を貼る必要はないだろう。見せたい掲示物があるのならば、教卓にしまっておき、必要に応じて出せばよい。支援の根拠をしっかりと持ってユニバーサルデザイン化していきたい。

本当に必要な支援を、目の前の子どもを見て選べる力を身につけるべきであり、その支援策が、子どもたちにとって、どう影響しているのか、常にアセスメントしていくことが、教育のユニバーサルデザイン化につながると考えている。

〔文献〕

(1)　上條大志「作文を書くことに困難さがある児童への説明的文章の学習指導――ＰＡＳＳ理論の有効性の検討」星槎大学大学院修士論文（未刊行）、二〇一五

(2)　上條大志「子どもの反応から授業をアセスメントしよう」阿部利彦（編著）、川上康則・片岡寛仁・上條大志・久本卓人（著）『通常学級のユニバーサルデザインプランＺｅｒｏ２　授業編』東洋館出版社、二〇一五

こだわりが激しい子への支援

森《もり》　亜《あ》矢《や》子《こ》

私は、通常学級担任と通級指導教室担当の両方の経験がある。その中で多くの「こだわりが激しい子」との出会いがあった。その子たちとの関わりの中で学んだことがたくさんある。私がずっと大切にしてきたことや、効果的だった支援について紹介してみたい。

こだわりの背景を理解する（アセスメント）

日常生活に支障が出るほどのこだわり行動をする子がいる。その場合、こだわり行動のみに注目し、「やっちゃダメだよ！」と無理矢理封じ込めようとしても、よけいに強いこだわりになったり、他の形で出るようになったりすることがある。「禁止」することよりも、まずは、なぜそんな行動をしなくてはならないのか、その意味や意図を「理解」することから始めたい。ストレスフルな状況を回避する等、こだわり行動の果たしている役割があるはずだからだ。それは、その子にとっての適応的な行動だとも言える。こだわりは、その子にとっての「信念」「価値」「プライド」「人生を支えているもの」の場合もあるので、大事にしたい。

こだわり行動を理解するには、どのような条件、状況、環境において出るのか、子どもを観察する必要がある（文献(1)参照）。こだわり行動がストレスフルな環境で出る場合は、安心できる環境づくりに努めることが先決であるし、こだわり行動によって注目や愛情を求めている場合は、「そんなことをしなくてもちゃんと見てるよ」というメッセージを伝え、関係づくりを大切にすることが肝要となる。

また、こだわりが、生活に支障がなく、人に迷惑を掛けるわけではないものや、自覚があってコントロールできているものについては、許容するゆとりも必要である。こだわる理由や苦しさを理解し、「これをすると、すっきりして気持ちがいいんだよね」「安心するんだよね」と声を掛けて、その子の満足感をわかってあげるだけでも、悪化を防ぐことにつながる。

1 さまざまなこだわりと、それをやわらげる関わり

(1) こだわり行動ができる時間と場所を保障する

障害の有無にかかわらず、人は禁止されると余計に執着してしまう生き物らしい。私の夫は、体調が悪くなったとき、ドクターに禁酒を勧められた。すると、逆に飲みたい気持ちが強くなってしまったので、妥協案を出し合い、折り合いをつけた結果、「平日は飲まず、週末だけ飲む」ということになった。飲める日が保障されたことで、飲まない日を受け入れることができたのである。

自閉症のA男（小六）は、「下品な言葉」にこだわりがあり、皆が嫌がったり不快な表情をしたりすればするほど、喜々として言い続けていた。そこで、通級での活動メニューの中に「下品な言葉タイム」を設定し、「今から思う存分、下品な言葉を言っていいよ！」と聴く態勢を取っていると、「何か、言う気がなくなった……」と、自ら言うのをやめたのである。保障されたことで、執着がなくなったのだろうか。下品な言葉をコミュニケーションの手段にしていたところもあるので、望ましい方法を具体的に教えていくことにした。

B男（小四）は、「性器を触る」というこだわりがあった。このことに対しても、禁止するのではなく、「してもいい時間と場所を保障する」を当てはめることにした。「一人になれる時間と場所なら触ってもよい」とし、「トイレ、自分の部屋、風呂場など、人の居ない場所ならいいよ」と具体的に伝えることにしたのである。この場合、「誰が言うか」も大切な要素である。

「性の話なので、男同士の方がいいだろう」「場所を示しながら話した方がイメージが掴みやすいだろう」ということで、B男の父親に話してもらうことにした。乱暴に禁じられたら、性に対して歪んだ認識をもってしまったかもしれないが、「人前ですることじゃないんだよ」と丁寧に教えてもらえたため、父親からの提案をすんなりと受け入れることができた。授業中に触っていることが多かったので、並行して、学習への個別のサポートを手厚くする体制も整えてもらうようにした。

(2) 見通しを持たせたり、練習をしたりする

変化や例外に対して臨機応変に対応することが苦手な子どもは、特定の方法にこだわり続ける子が多い。急な予定変更にどう対処してよいかわからず、パニックになる子もいる。C子（小五）は、予告なしの避難訓練に対処できず、皆が運動場に避難しているのにもかかわらず、誰もいない教室で授業の準備をしていた。変更の可能性がある場合は、個別に、前もって知らせておく必要がある。よく変更があるのは水泳の授業であるが、厄介なのは、晴れていても水温が低い場合はプールに入れないこともあるということだ。そこで、未然に混乱を避けるために、水温計を示して、「この水温より高かったらプール、低かったら体育館」とルールを明確にした。伝えたいことは、写真や絵等、視覚的に訴えるものを提示するとわかりやすい(2)。

また、新しいことをする場合は、事前にビデオを見せたり、リハーサルをしておいたりすると、不安が軽減される。社会見学等、初めて行く場所については、休日に、家族で先に行ってもらうこともあった。

「道順」や「交通手段」等にこだわっている場合も、他の方法を少しずつ取り入れる練習をしていくことが必要である。その道が工事中でも通ろうとしてしまうからだ。安心できる人、または大好きなペットを連れながら、リラックスした状態で練習できるといい。他の道でも大丈夫であることを体験することで、少しずつ受け入れられるようになるだろう。交通手段も、たとえば電車での移動にこだわりがある子にとって、バスに変更することは一大決心である。その場合、他の手段を取り入れる必然性がないと、なかなか難しい。「中学生からバスで行かないとだから、今から少しずつ練習をしていこうか」とあらかじめ伝えておき、変更

する理由に本人が納得することが大切である。そして、その練習に取り組めたときには、賞賛してあげたい。

(3) こだわりを生かしたり、活用したりする

D男（中一）は、電車が大好きで、駅名や時刻表が頭に入っている子である。休日には一人で電車に乗っていろんな所に行く。D男と学習するときには、電車の駅名カードで漢字を覚えたり、電車や時刻表を使った文章問題を作成して計算したりした。ゲームやアニメが好きな子は、登場人物の名前を漢字で書く練習をしたり、主人公が登場する問題を作って解いたりした。

一つのことにこだわれる、ということは、強みにもなり得て、その道の第一人者として活躍できる可能性も秘めている。D男は、鉄道会社に就職したいという夢をもっているし、昆虫博士と言われている子は、大学の研究者になれるかもしれない。職人と呼ばれている人たちは、むしろこだわりがなければ大成しない。一人で黙々と取り組めるのも、大事な能力なのである。

(4) 別の行動や物に替える（代替行動・代替品）

ゲームやDVDにのめり込んでしまう子がいる。その間、不安を感じずに没頭できるので、現実逃避としてやっている場合もある。まずは、ゲームやDVDの時間を決めることから始め、余った時間は安全で健康的な他の行動に替えていきたい。その代替行動は、本人にとって魅力的で効果的である必要がある。「ターゲットとする代替行動は、それと置き換えようとする問題行動と機能的に等価なものでなければならない」という(3)。そうでなければ、また元の行動に戻ってしまう可能性が高いからである。

こだわってしまうことから物理的に離し、その子の好きな他の行動に切り替えることも効果的である。E子（中二）は、F男の言動が気になって仕方なく、ずっとこだわって見続けてしまっていた。席の位置が、目に入りやすい場所だったので、目に入らない席に移動し、適度な距離を保つようにした。そして、F男の行動を観察していた時間を、E子の好きな工作に取り組めるように働き掛けたのである。E子は、F男の言動にこだわらなくても済むようになった。

(5) 「〜でなければダメ」を「〜でも大丈夫」というセルフトークに変える

こだわりの強い子は、「〜でなければダメ」「〜すべき」という思考パターンであることが多い。それを、「〜できたらいいなぁ」「〜でも大丈夫」「まぁ、いいか」「〜できなくても死にはしない」というセルフトークに変えていくだけでも、少し楽になれる。

出発時刻にこだわりがある子は、遅刻して叱られた経験があったり、親の価値観を取り入れている場合があったりする。「遅刻してはならない」と強迫的になっている子もいるので、「遅刻しても死ぬわけではない」というようなセルフトークに変え、その苦しさから解放してあげたい。「遅れたら連絡すればいい」と対処方法を具体的に教えることも本人にとって助けとなる。

頑なに一つの方法にこだわっている子には、変化していくことは成長であるという価値観も教えてあげたい。「他の方法も取り入れることができるってかっこいいよね」「自分でコントロールできるって大人だよね」と声を掛けていくのも効果的である。その場合、ロールモデルをイメージできるといい。大好きなキャラクターの絵にメッセージ入りの吹き出しを書くのも効果的であった。大好きな人の言葉、信頼している人の言葉は、すっと入るものである。

うまくいかなくても「失敗は成功のもとだよね」「失敗体験も役に立ったよね」と声を掛けてあげたい。そうすることで、安心して新しいことにもチャレンジしていけるようになっていくのである。

いろいろな支援方法をご紹介してきたが、やはり一番大切なのは、「理解者」と、「安心して生活できる環境」なんだろうな、と感じている。これからも、子どもたちにとっての安心できる人・場所であり続けたい。

〔参考文献〕

(1) 平澤紀子『応用行動分析学から学ぶ 子ども観察力&支援力養成ガイド』学研教育出版、二〇一〇

(2) 髙橋あつ子（編著）『LD、ADHDなどの子どもへの場面別サポートガイド――通常の学級の先生のための特別支援教育』ほんの森出版、二〇〇四

(3) メリーアン・デムチャック、カレン・W・ボサート（著）、三田地真実（訳）『問題行動のアセスメント』学苑社、二〇〇四

5 授業参加・集団参加のための個別支援

個別の支援が必要なとき

霜田《しもだ》浩信《ひろのぶ》

通常学級のなかで教育におけるユニバーサルデザインを実践していくことは、学級における基礎的な環境を整えるという観点から大変重要なことである。この環境整備によって、子どもたちが集中できる教室環境を準備することになり、子どもたち全体にとって「よりわかりやすい」授業につながる。ひいては「支え合う・学び合う」子どもを育てることになる。しかし、教育におけるユニバーサルデザインを検討していくなかで、さまざまな工夫を凝らしても授業に参加しにくい子どもが出てくることがあるかもしれない。それは、学習や集団行動への参加に大変な困難さを抱えるといった個における特性が強い場合と考えられる。教育におけるユニバーサルデザインは教室環境や授業、学級経営の土台を作るものであり、個における特性が強い子どもが在籍している場合には、個別の支援も同時に展開していくことが求められるのである。

つまずきの原因を捉えたうえでの個別支援

個の特性が強い子どもはもともと抱えている困難さが強いために学習や生活におけるつまずきが出やすい子どもである。つまずきが出やすい子どもへの支援を展開するには、つまずきの原因に着目することが重要である。子どもが示すつまずきを「指示にしたがって行動できない」「集中力が短い」「人とうまく関われない」などといったように表面的にだけ捉えてしまうと、その子どもにフィットした支援ができなくなってしまう可能性がある。その結果、子ども自身を「指導しても改善しない子ども」と捉えたり、逆に「自分自身の指導力不足……」と思い悩むことになってしまったりするのではないだろうか。

子どものつまずきの原因がわかれば、その原因に基づいて、指導や支援の方法を工夫したり、改善したりすることが可能になる。子どものつまずきの原因を捉えるには、標準化された検査を実施し、その結果を解釈していくことが重要な情報となるが、一方では日々の学習や生活での様子を丁寧に観察することも大切にしていきたい。「○○ができない」と捉えるだけではなく、どこまでならできるのか、どのような学習や活動でならばできるのか、誰とならできるか、どのような支援をすればできるのかを関わりや観察から捉えていくことによって、「つまずきの原因」や支援を考えるヒントにつなげたい。

しかし、単に観察するのみではなく、観察から見えてきた学習や行動の様子がなぜ生じたのかと切り込んでいく視点も同時に必要となる。その視点を私たちが得ていくためには、やはり個の特性が強い子どもたちが抱える特性そのものを学んでいくことが必要である。発達障害の子どもたちが示す特性を整理して頭に入れておくことによって、子どもの様子の「なぜ?」によりせまりやすくなっていくであろう。

特性の強い子どもが示すつまずきの原因

特性の強い子どもが示すつまずきの原因の一例を紹介する。当然ながら、特性の強い子どもが示すつまずきの原因はさまざまで、いくつかにきれいに分類されるわけではない。また、いくつかの原因が重なり合ってつまずきとして現れてくることもある。しかし、大切なことは特性の強い子どものつまずきの原因を捉えるためにも、基本となるつまずきの原因を知っていくことである。なお、これから紹介するつまずきの原因にはLDの子どもが示す学習面そのものでの原因は含めておらず、主に行動面や対人関係で生じる困難さに基づいてまとめてある。しかし、以下のようなつまずきの原因を抱えると生活のみならず学習においてもさまざまなつまずきとして現れることがある。

(1) 不注意さ

不注意さとは、①注意を向けるべき対象に注意を向けにくくあちこちに注意が移ったり、②注意を一定時間持続することが難しかったりする様子である。不注意①の例としては、授業中、先生が説明をしているとき、先生に注意を向けていくことができず、ついつい、友だちの動きが気になったり、手元の物をいじったりとあちこちに注意がいってしまうことである。そうなると、授業中では、先生の話を聞き逃し、何をすべきかの情報をキャッチできず、結果的に、わからないために「できない」「やらない」ことになる。また不注意②の例として、漢字ドリル一ページを書き終えるまで注意を持続できず、あきてしまうといった様子である。結果、やるべきことを途中でやめてしまうということで不適切なふるまいになってしまう。

不注意の様子を抱える子どもへの支援の基本は、指示・説明をする前に「子どもの注意を引く」ことである。先生や周囲の子どもに注意を向けること、黒板や教科書等に注意を向けることを促していきたい。教科書等、手元の情報に注意を向けさせたいときには、「○○見て！」だけでなく、「○○を指さして◇◇して！」などのような声かけをし、実際に行動できたかどうかまで確認していくことが必要である。注意を引くための声かけをするだけでなく、子どもに具体的に何をするかまでも伝え、それが実際にできたかまで確認することが大切である。

また、注意が途中で途切れる子どもは、繰り返しが多い活動や見通しがつきにくい活動では特に注意の持続が難しくなるため、支援の基本は「事前にゴールを示す」ことである。活動を始める前に、時間的なゴールとして「二分間でやってね（タイマーのセット）」、量的なゴールとして（複数するべき問題がある状況で）「まずこの二問をやって」と、時間や量を限定して事前に伝えることが望ましい。時にはその子どもにあった学習量の調整をしてあげることが必要である。

(2) 多動・衝動的な行動

多動とはことばの通り、動きが多いことであるが、行動面のみでなく、おしゃべりの多さとしても多動性がでてくることもある。衝動性とは「考える前に行動してしまう」ことであり、後先のことを考えないまま「〇〇したい」と思ったら行動していくことである。衝動性を抱えていると「何をすべきか」「何をしてはいけないのか」がわかってはいるが、いざ、そのような場面になったときには守るべきルールが意識からなくなってしまい、いつも同じような失敗を繰り返してしまいがちである。

多動・衝動的な行動を抱える子どもへの支援としては、「事前の確認」が基本である。衝動性のある子どもに対して私たちは、してしまったことに対して注意をし、次はどのようにするべきかを伝えていく「事後の対応」を取ることはある。しかし、衝動性の強い子どもの場合、基本的には「何をすべきか、望ましくないのか」がわかっているため、「事後の対応」だけでは不十分である。「事前の確認」として、子どもの行動を予測しながら、衝動的に行動する前に「何をすべきか、何が望ましくないか」を伝えて確認してあげる対応が必要である。それによって「うまくできた」につなげてあげ、「〇〇すると◇◇できるね」とほめていくなかで、少しずつ行動を整えることを教えてあげたい。うまくできたときにほめられた「〇〇すると◇◇できるね」の言葉が、少しずつ頭に蓄えられていき、次の機会のときには、その言葉が行動を整える言葉になっていくのである。

(3) 指示理解、記憶、思考の困難さ

指示理解の困難さにはいくつかの要因が関連してくる。まずは、指示で使われている言葉が本人にとってわからないといったことがある。本人が獲得できている語彙の少なさから指示理解の困難につながる。衝動性が強い場合には、先生の指示・説明において自分の興味ある内容だけを捉えてしまい、結果的に必要な情報を取りこぼすことにもなる。さらに記憶の困難さが絡むと、たくさんの指示内容になってしまうと覚えきれずわからなくなってしまうことが生じる。また、何か一つの作業を終えるまで、ある事柄を記憶しておく「ワーキングメモリ」の困難さによって、やっている途中でわからなくなってしまうこともある。他にも、伝えられた複数の情報から重要な情報を抜き出して、それらの情報に基づいて「どのようにすればよいか」を

考えていく思考に関する困難さもある。これら指示理解、記憶、思考の困難さが学習や行動でのつまずきに結びつくことになる。

指示理解等に困難さを抱える子どもへの支援の基本は、本人の行動や思考につながる「わかりやすい指示・説明」である。本人が具体的な思考や行動につなげられるようなわかる言葉を用いることが基本として重要である。また、音声言語のみで伝えるのではなく、指示内容や手順を黒板などにメモして残してあげることによって、聞き逃したり忘れてしまったりしても見返すことができるような支援が必要である。

(4) 状況理解・判断、他者の意図理解が苦手

状況理解・判断、他者の意図理解に苦手さを抱えると、場の雰囲気や相手の気持ちを考えないままでの言動をとる、相手の言葉を字義通りに解釈することになる。それによって指示の勘違いや対人的なトラブルにつながる。

状況理解・判断、他者の意図理解が苦手な子どもへの支援としては、まずは「できるだけ具体的な指示を出す」ことである。こちらの意図を読まなくてはならない指示ではなく、本人が行うことを言語化した指示を心がける必要がある。たとえば、鉛筆を準備してもらいたい場面において「鉛筆ある?」ではなく「鉛筆出して」の指示が必要ということである。また、当たり前と思えるルールも含めて、どのようにするのが必要かを事前にわかりやすく伝えることも重要である。もし、本人が状況や他者の意図が読めず勘違いの行動をしたならば、勘違いを修正してあげる必要がある。

(5) 感情のコントロールが苦手

何か要求がかなわなかったとき、失敗をしたとき、叱られたとき、不安・不満があるときにその感情を適切に処理できずに、強くイライラしたり、逆に落ち込んだりすることがある。感情のコントロールの苦手さの要因もさまざまあるが、その一つには、失敗や叱責、不安等の原因と解決策が見えないことがあげられる。「なぜ失敗したか、叱責されたか」の理由がわからないと納得することもできず、「仕方ない」と思えない。また、失敗したことや苦手なことに対して「どうすればうまくいくか」という解決策が見えないと感情が乱れてしまう。このように感情のコントロールの苦手な子

どもには、じょうずな気持ちの切り替えを教えたい。うまくいかない原因とともに解決策を伝えることで「仕方ないよね、でも大丈夫！」という切り替えをさせてあげたい。

感情のコントロールの苦手さのもう一つの要因としては、衝動性が強く「○○したい」という気持ちが強い場合、そのしたいことを制止されることがあげられる。制止や修正でイライラするのである。そのような場合には、ストレートにダメ出しをするのではなく、変化球で対応してあげることが必要である。「それダメでしょ！」というストレートなダメ出しを避け、不必要な感情の乱れを防ぐことが望ましい。「○○でなくて、◇◇した方がいいよね」「◇◇のやり方ではどう？」などと何をするのが望ましいかを伝えてあげ、結果、適切な行動に導いてあげることが大切である。

その他、感覚過敏やこだわりが強い状態や自分の思いを表現することの難しさ、不安の強さもさまざまなつまずきの原因になることがある。特性の強い子どもに対しては、つまずきの原因を捉えてあげたうえで、個別支援を学校生活全般を通じて行ってあげることが必要である。

〔参考文献〕

霜田浩信「子どもたちが抱える7つのつまずきパターン」『月刊学校教育相談』二〇一〇年四月号、ほんの森出版、五二―五五頁

認知神経学的側面から見た合理的配慮について
——知的情報処理の個人差に対応する授業

坂本《さかもと》條樹《じょうじゅ》

知的情報処理の個人差

国語の授業の一場面である。

「さあ、教科書の三八ページを開いて！　いっしょに読んでみよう。最初のところだけ先生が読むから、そこから友だちと声を合わせて読もう！　じゃあ、教科書を両手で持って！　いい姿勢をしてください。準備は良いですか?」

先生は、児童に一斉の音読をさせようとしている。この指示の後、子どもたちは教科書を読み、国語の学習が行われる。通常、先生の指示の後に行われる言語活動が学習の中心であると考えられている。もちろん文字（文章）を読むことはヒトの知的情報処理の中でも高次な活動の一つである。しかし、この音読前の指示を理解し実行するためには、次のようなさまざまな知的情報処理が正しく行われる必要がある。

「さあ（注意）、教科書の三八ページ（知覚）を開いて（運動）！　いっしょに読んでみよう（表象）。最初のところだけ先生が読むから（概念）、そこから友だちと声を合わせて読もう（社会的認知）！　じゃあ、教科書を両手で持って（運動）！　いい姿勢をしてください（概念）。準備は良いですか?」

このように、教科学習の一場面だけで考えても、ものの認識・区別、象徴機能、記憶、社会的認知、メタ認知等、子どもたちはさまざまな能力を動員して学業に向かっていることがわかる。当然ながら、先に紹介したような活動は、生まれて間もない乳児や就学前の幼児には難しい。ここに、子どもの発達という要素が端的に現れる。

ところで、一〇歳の子どもの平均身長は、およそ一四〇cmである。しかし、この年齢の子どもの中には、身長が一五〇cmを超える者もいれば身長が一三〇cmに満たない者もいる。これを個体差あるいは個人差という。当然、身体的発達だけでなく知的情報処理に関しても個人差が生じる。また、一人の子どもの中で見ると、知的情報処理に関わるさまざまな能力の各々の発達には個人内差もある。まさに、子どもは千差万別の特性を有しているといえる。

子どもの知的情報処理能力を構成する一つ一つの要素は、本来それぞれが密接に関連して発達する。この「それぞれの密接な関連」が弱く凸凹が生じて学業や生活の質にまで影響しているのが、発達障害であるといえる。発達の凸凹は、程度の差はあっても誰にも存在しうるものである。定型発達と思われる子どもに個別の知能検査を実施し、認知神経学的な側面から検討すると、誰もが平坦な特性を持っているわけではないことがわかる。

このように、多様な発達の様相を持った子どもに、学校の先生方は授業という一斉指導を行っている。授業場面において、誰にもわかりやすい授業を展開することは、「ユニバーサルデザインの授業」として研究され実践が進んでいる。また、子どもの非定型的な発達特性ゆえの困難さに対して個別の対応を行い、その子どもが学びやすくなるよう工夫することが「合理的配慮」といえるだろう。合理的配慮に関しては、いまだ研究の途上であり、よりよい方法論をめぐって試みを繰り返しながら見通しを立て、対応策を見いだしていく段階であり、国、都道府県、市町村、学校・校長等のそれぞれの役割において解決すべき課題がある。

しかし、日々の学校生活や授業を通じて子どもと接する教員が、子どもの認知神経学的側面や知的情報処理の発達を知り、自身の実践を再構築することで、障害のある子どもに限らず、どの子どもでも経験する学びにくさに対応することができるのではないだろうか。

5 知的情報処理の個人差に合わせた合理的配慮

(1) 文字の学習の例

知的情報処理を時系列でみると大まかに、入力（感覚入力）→処理（情報処理）→出力（運動・発語）の三段階で構成される。そして知的情報処理の個人差は、子どもの行動（出力）となって目に見える形で現れやすい。例えば、先の授業場面で、ある子どもは教科書の三八ページを開く際に、見当をつけて教科書を開き数ページの微調整で指示通りのページを開く。またある子は、見当をつけずに教科書を開き、がさがさと何度もページを前後に繰ってやっとたどり着く。また、皆といっしょに声を合わせて教科書を読む際には、他者の音読スピードや音量に合わせて自分の行動を調節する必要がある。ヒトへの認識が弱いと一人だけ大声で読んだり、スピードが速すぎたりしてしまうことがある。また、自分の身体からの情報（例えば呼吸の量）と文章の長さや文脈、文の意味などとの調節が苦手だと、息継ぎのタイミングが大勢とは異なっていたり、良いまとまりのある位置で息継ぎができなかったりする。このように、ものの認識とヒトの認識を同時に行いながら学業が進められる。

学校の一学年は、ほぼ同一年度に生まれた子どもで構成されるが、同一学年の子どもの中でも早く生まれた子と遅く生まれた子の間には、およそ一年の年齢差がある。乳児の一年の発達の違いがとても大きいように、小学生では低学年ほど大きな発達の差を内包した集団が同時に学んでいることになる。

筆者の名前は「さかもと」であり、勤務中は「**さかもと**」と書かれた名札を付けている。ある時、ひらがなを習いたての一年生に「ちかもとせんせいですか?」と聞かれたことがある。文字をおぼえたての子どもにとって、ゴシック体などのフォントでは、「さ」と「ち」は線対称（鏡映関係）になっているので混乱したのであろう。他にも「へ」と「く」は図形的には九〇度回転した関係であるし、「し」と「つ」も線対称に回転を加えたものに近い。小学生が授業で使用する教科書では、どの教科であっても教科書体とよばれるフォントが使われている。教科書体では「さ」と「ち」では明らかに形態が異なる。授業でも子どもたちはそのように学習する。これは先の一年生の例や、小さな子どもがいわゆる鏡文字を書いてしまうことがあるように、目で見てとらえる力の発達を考慮してのことであろう。

われわれの通級指導教室に読み書きの苦手さを主訴に通う子が「ぼくは『よ』と『す』と『お』を間違えるんだ」と言ったり、「『な』と『か』は、区別が難しい」と訴えたりする。

お手元に教科書があれば参照していただくとよい。教科書にはポップな字体を使っている部分もある。しかし、どのような字体を使っていようが、教科書に使われている「さ」の三画目は離れている。

図1には、誰もが見たことのないような新奇な文字が示されている。この文字を回転させたり、鏡映関係にさせたりしたものが図2の①～④である。読者の皆さんは、瞬時にどれがただの回転形でどれが鏡文字であるか判別できたであろうか。おそらく少し時間がかかったのではないだろうか。このように、目で見てとらえる力が十分に発達した大人でさえ、新奇な文字では先ほど紹介したひらがなを習いたての小学生のような状態になる。すべての子どもは日々新しい事柄を学ぶ際に、このような混乱に立ち向かっていると考えてよいのではないだろうか。それゆえ、教師が行う指導上の工夫（配慮）が重要になる。

文字の学習で教

図1　新奇な文字の学習

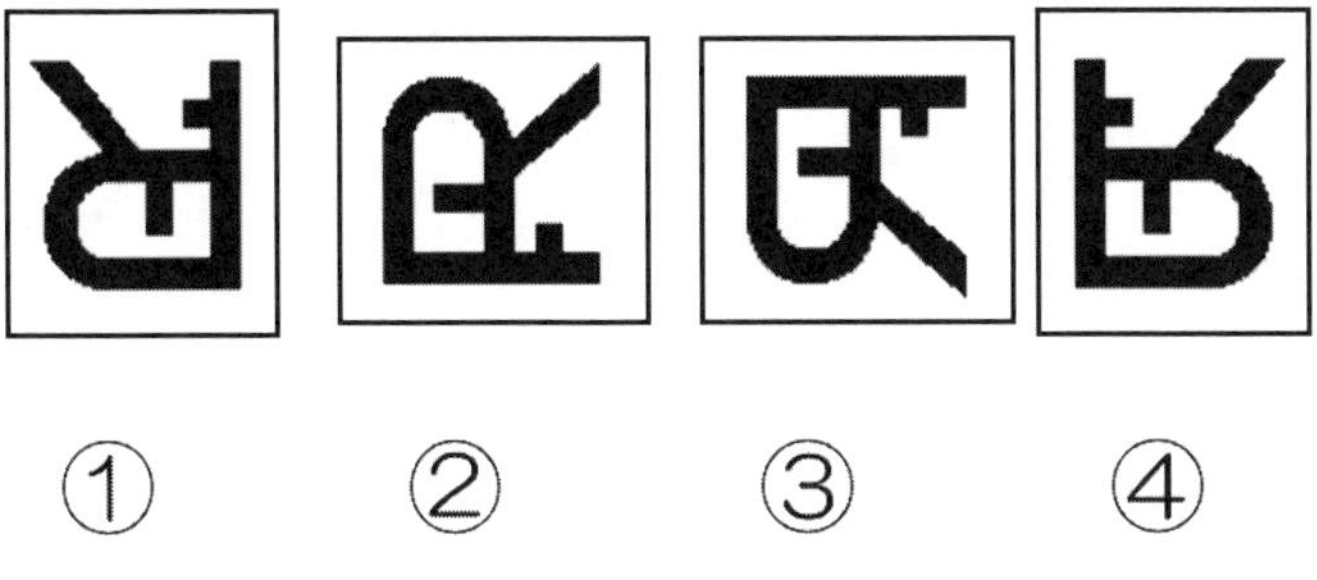

図2　新奇な文字を回転・鏡映した例

室の空中に腕を上げて大きく文字を書く「そらがき」は、書字という微細な運動を大きな運動からも入力し運動記憶させる意図と、表象した字形を子どもたちが運動に変換できるかどうかを教師が確認する意図がある。また、友だち同士で学習した文字を背中に指で書き合ってその感触で何の字か当てる活動も、確実な表象ができるか多感覚による統合を行っているのである。このように小学校低学年を中心に、子どもの認知発達に合わせた教育活動を取り入れながらていねいな指導が行われている。これは、一斉指導による合理的配慮といえる。

(2) 環境整備の例

次に、特別支援教育の広がりとともに、一般化してきた学習環境整備の例で合理的配慮を考える。

ヒトは、いわゆる五感（視覚・聴覚・嗅覚・味覚・触覚）といわれる感覚や前庭覚（体の位置、重力や動き）・固有覚（筋や関節の位置や動き）等の情報を脳の後部や深部で受け取って処理をしている。ヒトは絶えず情報を大量に処理しながら活動しているのである。この情報が多すぎると、脳はビジーな状態になり、高次な情報処理に困難をきたしたり疲労しやすくなったりする。都会の人混みが疲れやすいのは、音や見えるもの、におい等の情報が多いためでもある。

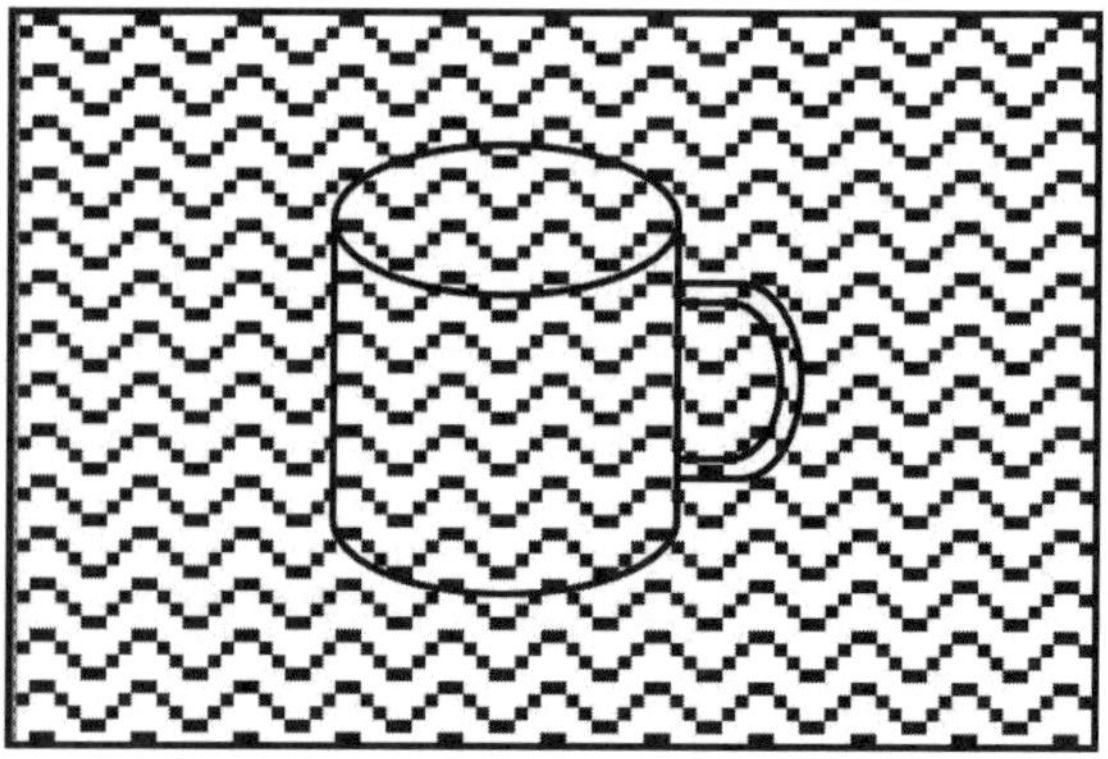

図３　シュトラウスらの実験図版（シュトラウス他，1979[1]より筆者が再構成）

シュトラウスら（1）は、意味のある絵（例えばコーヒーカップ等）に、はっきりした均質な背景模様（ノイズ）を重ねて判別しにくくした図版を子どもに瞬時見せ、「何が見えたか」を問う実験を行った（図３）。

すると、背景に邪魔をされ「コーヒーカップ」などを認識できない子どもの存在が確認された。そして、同じ知的能力を有する定型発達の子どもと脳炎等で神経学的な後遺症を伴った子どもで調べると、背景模様に邪魔をされ意味のある絵が知覚できなかった子どもは後者では前者の八・三倍存在したことを報告している。

教室内で目に入るものは精選したり、カーテンなどで必要に応じて目隠しをしたりすることが推奨されている理由はここにある。また、人間の視野は、中心部が解像度に優れるのに比して、周辺部では動きの察知に敏感であることも知られている。教室内で目に入るものばかりでなく、教室の窓の外に見えるもの（主に動き）も曇りガラス等で制限し刺激が過多にならないよう配慮する必要もある。

視覚刺激の他にも、音の弁別が苦手な子や補聴器を利用している子にとって、教室で飼っている金魚のエアーポンプの音は、必要な音声情報をとてもわかりにくくしてしまう。

このような環境調整による配慮は、すべての子どもにとっての合理的配慮となりうるため、今後もさらなる普及が望まれる。

経験をいかした合理的配慮の展開へ

Aさんのための合理的配慮、Bさんのための合理的配慮といった個々に対する合理的配慮は今後、基礎的環境整備が整うことで実現していくと思われるが、もう少し時間もかかるだろう。しかし、学級担任をはじめ、教員は今までの教職経験の中で、さまざまな特徴や特性のある子どもたちと接し、対応してきた実績がある。今までの対応や工夫に、例えば認知神経学的な視点を加えて理解したり自分の実践を整理したりするだけで、かなりの合理的配慮が今からすぐに展開できると考える。

〔参考文献〕

(1) A・A・シュトラウス／L・E・レーチネン（著）、伊藤隆二・角本順次（訳）『脳障害児の精神病理と教育』福村出版、一九七九
(2) 坂本條樹「特別支援教育に対応した『授業』のチェックとその解説」『特別支援教育の実践情報』二〇〇八年二・三月号、明治図書出版

ビジョントレーニングを用いた「見ること」への支援

増本《ますもと》利信《としのぶ》

筆者はこれまでLDやADHDなど発達障害の児童を対象とした通級指導教室や、支援学級の弾力的運用による個別指導を担当してきた。加えて通常学級でみられる学習上の困難さについて、授業場面の観察や個別指導の場でアセスメントを行い、担任や保護者と共有しながらよりよい支援のあり方を考えている。

学習場面で子どもが見せる困難さは多様だが、本を読んだり、板書を転記したりすることが効率よく行えない姿は多く見られる。その中に視覚的な問題がある場合があるが、周囲に理解されず適切な支援に繋がっていないこともあるようである。

本稿では、教室で実際に困っている児童生徒の姿から視覚機能の困難さを予測、解説し、それをビジョントレーニングの視点から軽減するためのトレーニングを提案したいと考えている。

事例1　文末の勝手読みなど流暢な音読が難しい子ども

Aさんは快活な女の子です。お友だちとのおしゃべりも上手にできますし、道徳などで自分の考えを尋ねられれば答えることができます。

そんなAさんですが、教科書を音読しようとすると少し困ってしまうようです。Aさんの音読をよく聞いていると行が変わっても前の行を読んでしまったり、「できた。」という文末を「できました。」というふうに読み替えたりしていました。

A児のように行とばしや勝手読みが見られる児童生徒の中に、眼球運動が滑らかでなく、注視点を思うように移動させられない困りがあることがある。

(1) 視野を対象に向けるための眼球運動

人間は一般的に片眼で左右に一六〇度、上下に一三〇度の視野がある。両眼ではさらに補い合うために左右の視野は一八〇度を超えることもある。しかし視野全体の中で情報を瞬時にとらえることができる「有効視野」は約二〇度の範囲、さらに視力色覚共に優れる「識別視野」は僅か三度の範囲しかない。

つまり対象を見て、そこから正確に情報を得るためには、対象を有効視野の中に収め、さらに識別視野(注視点)でしっかりととらえる必要があり、それを効率よく行うためには巧みな眼球運動が必要となる。

(2) 文末の読み替えや見失いに繋がる滑らかな眼球運動の苦手さ

文字列を並んでいる方向に読み進めるためには、一定の速度で滑らかに注視点を動かす(追従性眼球運動)必要がある。また、まばたきをした際に場所がずれたり、じっと同じ場所を見続けたり(固視)することができないと、文の途中で隣の行に移ってしまったり、文章の最後まで文字を追わずに記憶や予想で勝手読みをすることがある。

(3) 行とばしや単語の誤認識に繋がる、素早い眼球運動の苦手さ

行末まで読み進めると次行に注視点をジャンプする必要があり、その時に必要になるのが素早い眼球運動(衝動性眼球運動)である。また、文章を読む際には常に注視点を前後させながら単語のまとまりを認識していく必要があるため、小刻みに眼球は動くことになる。

音読の苦手な子どもの中に逐次読みの状態が見られるが、その原因の一つにこの衝動性眼球運動の苦手さがあることがある。

(4) 眼球運動はトレーニングで改善する可能性が高い

筋肉で操作する眼球の動きは、正しい練習を積み重ねることで向上を図ることができる。

ここでは教室や家庭でできる簡単なトレーニングを紹介する。

○四本指で目のジャンプ

まず顔の前三〇cmくらいの場所に左右の一指と二指を出し、一辺が一五cmほどの正方形を作る。そこで好きな音楽やかけ声に合わせてそれぞれの指を注視しつつ注視点をジャンプさせる。どの指を見るかは子どもたちに任せても、学級で順番を決めて一斉に目の体操として取り組んでも良い。

○目のジャンプ応用編

数字を書いたカードを黒板に散りばめて貼り、教師が指示した数字を探し、素早く注視点をジャンプさせる遊びもトレーニングになる。

教師は数字を言葉で言うだけでなく、ボードの裏から瞬間的に出したり、二つ出して足し算をした答えにジャンプさせたり、県名と名産品名などの組み合わせを探させたりするなど、学年に応じて工夫することも考えられる。

事例2 集中力が続かず、工作が苦手な子ども

外遊びが大好きなBくんは、滑り台遊びや鬼ごっこが得意です。また、室内で読み語りを聞くこともできます。

ただ、パズルを組み合わせて遊んだり、折り紙遊びをしたり、はさみで模様を切ったりすることは以前から苦手でした。そんなBくんが作業をしている様子を観察すると、手元をぼんやりとしか見ていなかったり、時折目をしばしばさせたりしていました。

B児のような状態の子どもは両眼を寄せる動きを滑らかにできないことがある。

通常、私たちは右眼と左眼を同時に使い周囲の情報を得ている。脳は違う角度から見える二枚の画像を処理することで一枚の風景と認識し、加えて奥行きを知

覚する。この脳内処理をスムーズに行うためには安定した画像を両眼でとらえ続ける必要がある。そこに大きく影響するのが、前述した両眼を寄せる動きと寄せた目を開く動き（両眼の輻輳と開散）である。

(1) 輻輳が苦手だと疲れやすさにも

手元の見えにくさや奥行きのとらえにくさは工作などの作業での取り組みにくさに繋がる。また、子どもによっては読書や書字作業などに長時間集中して取り組めないという状態を見せることもある。

筋肉が効率よく働き、眼球をグッと内側に寄せたり（輻輳）、パッと開いたり（開散）することができると、より滑らかに楽に、立体的な情報をとらえることができるようになる。

(2) 五㎝までしっかり寄ればOK

輻輳のアセスメントは以下のように行う。

子どもの正面に座り、指標を目の前三〇㎝程度にかざして「指標（玉）がいくつ見えますか？」と尋ねる。子どもが「一つに見えます」と答えた際は次のステップに進むが、すでに「二つに見える」際には近視や乱視といった屈折異常も予測されるので眼科医の専門的なアセスメントが必要である。

指標はゆっくりと子どもの鼻頭に向けて近づけていく。検査者は両眼の寄る動きを観察しておく。左右の目が同じように寄っているかどうか、鼻からどの程度の距離まで両眼を寄せて見ることができているかを確認して把握する。

またその際、子どもには「指標が二つに分かれたら教えてね」という言葉かけをしておくとよい。本人の自覚として「二つに分かれた」瞬間と、客観的に観察した「寄り目ができなくなった」距離の差が大きくないか確認しながら実施する。

両目で最も近くまで焦点を合わせることができる距離を「輻輳近点」といい、小学生で五～一〇㎝まで近づけることができれば正常であるととらえる。ゆっくり寄せたり、素早く寄せたりしながら状況を把握していこう。

(3) トロンボーントレーニングで寄り目マスターになろう

輻輳近点をより近づけるためには、両眼を寄せるトレーニングを粘り強く行うことが有効である。

自分の親指を立て、眉間へゆっくりと寄せていき、輻輳近点付近で五秒程度注視することや、右手を輻輳近点に、左手は伸ばして構え、リズムに合わせて両方を交互に見る「トロンボーントレーニング」をすると、素早い輻輳・開散運動を高めることができる。

教室では、黒板に文字カードやイラストを貼って、輻輳近点と交互にジャンプさせることも良いトレーニングである。イラストや文字をタイミングよく入れ替え、子どもに当てさせると意欲的に取り組むことができる。

指導に活かせる最新の視覚機能アセスメント「WAVES」

視覚関連スキルに弱さがある子どもに、適切な支援を行うには視覚に関する客観的なアセスメントが必要である。

日本国内で開発され、標準化されたアセスメントとして「WAVES」(1)が刊行された。この検査では①数多くの対象となる子どもの中で弱さがある子どもをピックアップすること（スクリーニング検査）、②つまずきがある子どもの支援に向けて状態を把握すること（掘り下げ検査）の両方を行うことができる。また、個別検査としても集団検査としても実施できるのも利点である。

主観的に理解しにくい眼球運動の不器用さや、空間認知の特徴について数値化に基づいた支援を構築することは、より多くの子どもを客観的かつ正確に理解し、適切に学習へ向かわせる近道であり、今後多くの支援者に本検査が活用されることを期待している。

〔参考・引用文献〕

(1) 竹田契一（監修）、奥村智人・三浦朋子（著）、中山幸夫（企画製作監修）『WAVES』学研、二〇一四
(2) リサ・A・カーツ（著）、川端秀仁（監訳）、泉流星（訳）、中村尚広（協力）『発達障害の子どもの視知覚認知問題への対処法』東京書籍、二〇一〇

教材教具を活かした支援

上《うえ》原《はら》淑《よし》枝《え》

はじめに

授業の中で、みんなと同じようにできずに困っている子どもたちがいた場合、子どもたちの特性を見て、その子どもたちができる方法を考えていくことが大切である。その一つとして、教材教具の活用が挙げられる。本稿では、子どもたちの困り感を軽減する教材教具を紹介する。

ノートが取れない子

クラスのあきらさん（仮名）が、いつもノートを書かなくて困っていると五年生の担任の先生から相談があり、あきらさんと話をしてみた。すると「書くことがたくさんあると、マスとマスがわからなくなるから無理」と言う。高学年になり五ミリ方眼のノートを使うようになり、ますますどこにどう書いていいのかがわからなくなったようである。他の子どもには便利な五ミリ方眼のノートが、あきらさんにとっては、たくさんの線が目に入り、使いづらいものになっていたのである。

(1) ノートを変える。線を引く

その子が書きやすいノートを選んでいくだけで負担

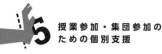

が減る。五ミリ方眼のノートでは使いにくい子どもには、マス目のノートにする。小さいマス目だと文字がはみ出てしまう子には、大きめのマス目のノートにする。どうしても同じノートを使いたい場合は、水色の蛍光ペンなどで補助線を引くなどの工夫をし、行やマスをわかりやすくするとよい。

(2) ブラック下敷き

罫線のみのノートを使用する場合は、「ブラック下敷き」（ミドリ）（図1）を使用すると、マス目のように使える。裏の文字が写ることも軽減される。

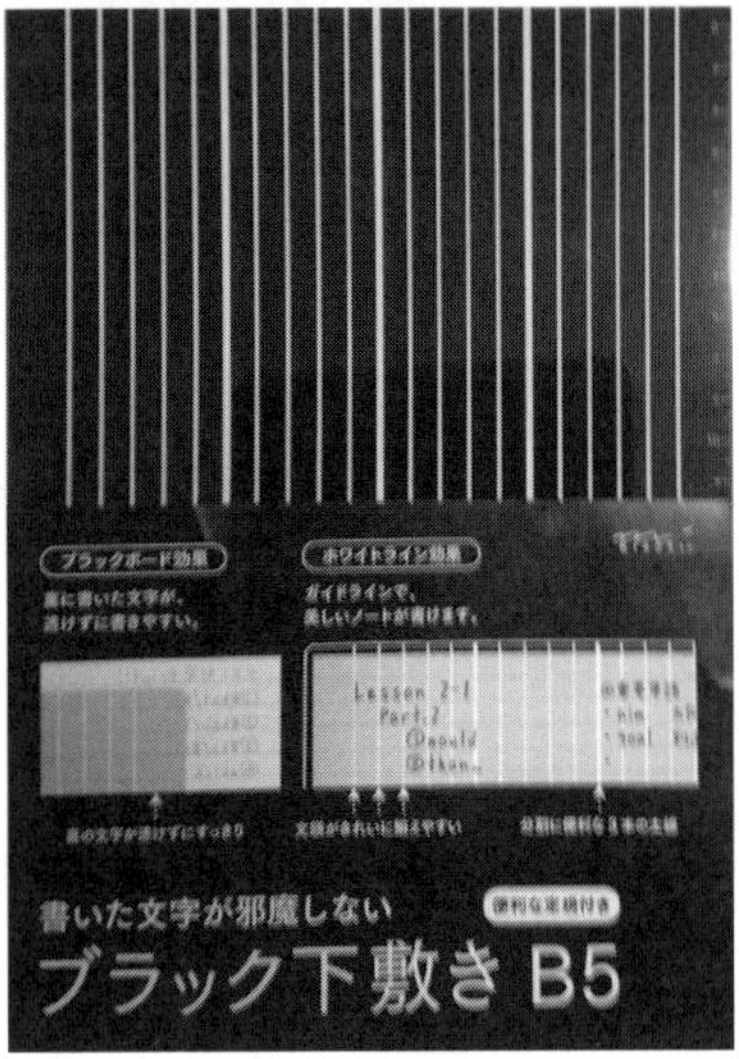

図1　「ブラック下敷き」（ミドリ）

(3) ここだよ矢印

板書を写せないと言う子どものもう一つの理由として、板書のどこを書いていいのかがわからなくなるということがある。私の勤務校では、通常学級の先生が「ここだよ矢印」を使って今どこを学習しているのかを黒板に示す手だてをとっている。また、板書の量が多くて書ききれない子どもには、チョークの色を変えて、黄色の囲んであるところだけ書くようにしたり、プリントを用意したりするなどの手だてをとっている。

〈ここだよ矢印の作り方〉

矢印の形に厚紙を切り、色画用紙を貼る、またはペンで色を付ける。裏面に板磁石を貼る。

(4) ダブルクリップ

ノートや連絡帳を書くときに、順番に書いていかず、たまたま開いたページに書いていく子どもがいる。連絡帳をせっかく書いたのに、書いた場所がわからなくて、持ち物を忘れてくる子どももいる。使ったページをダブルクリップで留めておくとすぐに続きのページから書くことができる（図2）。保護者から連絡があるときに、連絡帳を先生に出すのを忘れてしまう子には、インデックスプレート付きのダブルクリップ（サンノート株式会社）を使い、ダブルクリップのインデックスプレートに「だす」と書いておく。このプレートを上げてあるとき（図3）は先生に連絡帳を出すというように目で見てわかるようにしておくこともできる。

図２　インデックスプレート付きのダブルクリップ

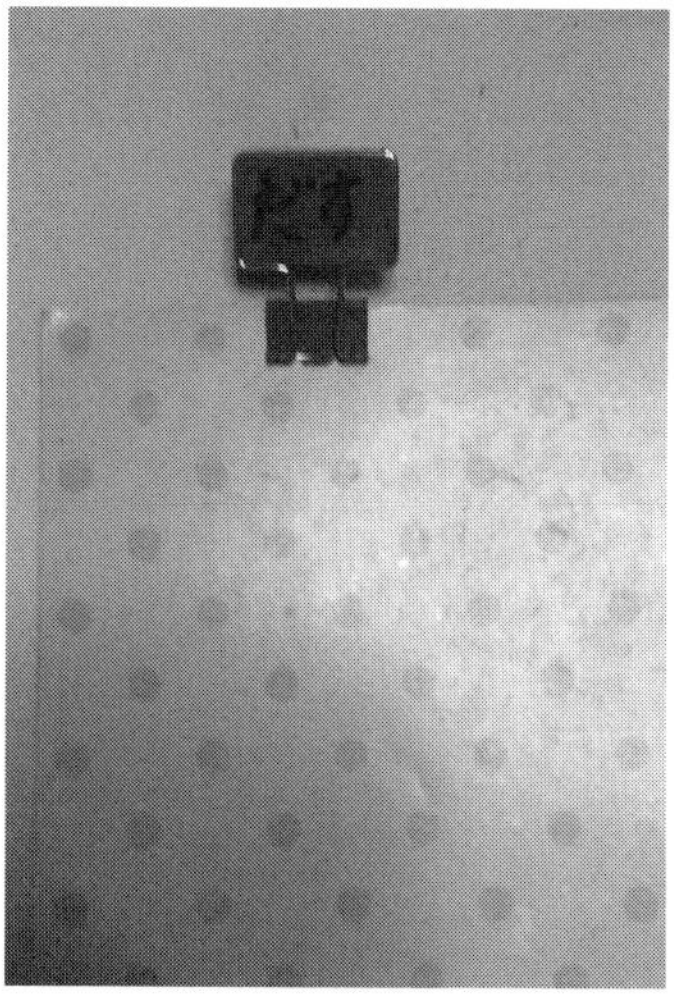

図３　インデックスプレート付きのダブルクリップ（提出時）

リコーダーを吹くのが苦手な子

不器用な子どもたちは、まるで軍手をはめてリコーダーを吹いているような感じだという。リコーダーは鍵盤楽器と違い、手元が見えにくい。穴の位置がわかりにくい。穴を押さえているつもりだけれどきちんと押さえられず、音が漏れてしまうという難しさがある。

(1)　セロハンテープ大作戦

リコーダーの裏の穴（左手の親指部分）をセロハンテープでふさぐ。このことで指換えだけに意識を集中できる。セロハンテープは、透明で、貼っていることもわかりにくい。そのため、他の子と違うことは、嫌だと思いがちな子どもでも使いやすい。初期に習う曲のほとんど（「レ」の音以外）は、セロハンテープを貼ったままで演奏することができる。また、慣れてくれば、裏のセロハンテープに小さな穴をあけて「レ」

の音を出したり、セロハンテープを取ったりすることも可能である。

(2) 魚の目パッド大作戦

百円ショップで売っている「魚の目パッド」はドーナツ型をしていて、中央の穴がリコーダーの穴とほぼ同じ大きさである。この魚の目パッドをリコーダーの穴の部分に図4の写真のように貼る。

魚の目パッドはやわらかく、やや厚みがあるため、軽く指で押さえるだけでも息がもれにくい。また指で押さえる場所もわかりやすくなる。

(3) 使いやすいリコーダーに変えよう

スズキのリコーダー「PLUMA SR-G」(図5)は、穴の間隔が狭く設定されており、穴の位置がわかりやすいように凸凹がついているシールも添付されている。指が穴に届きにくいという子どもも楽に指が届くので吹きやすくなっている。

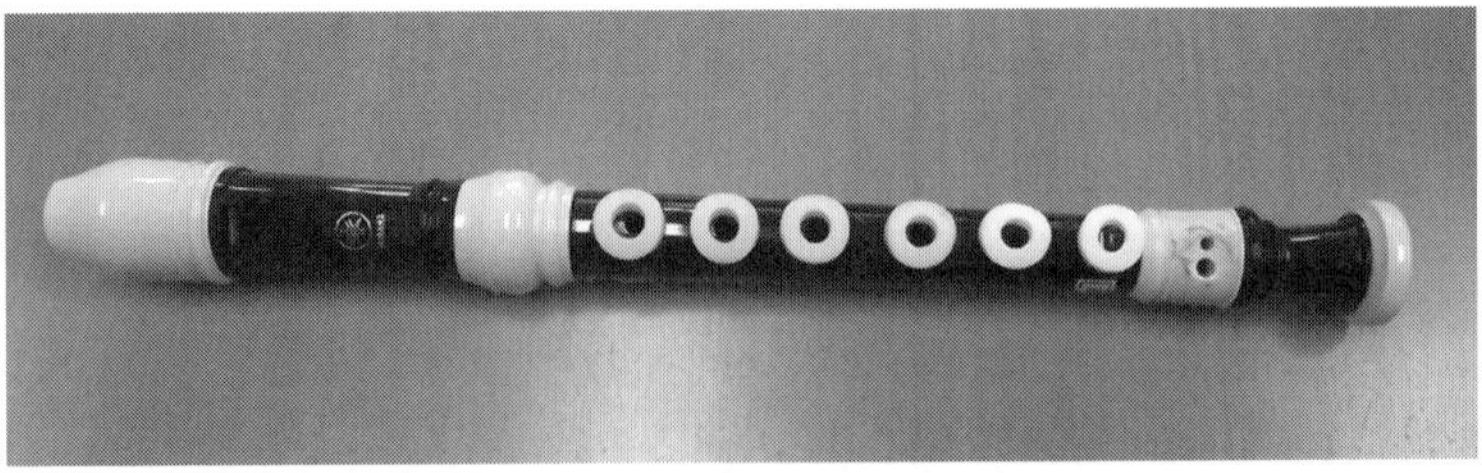

図4　魚の目パッドを貼ったリコーダー

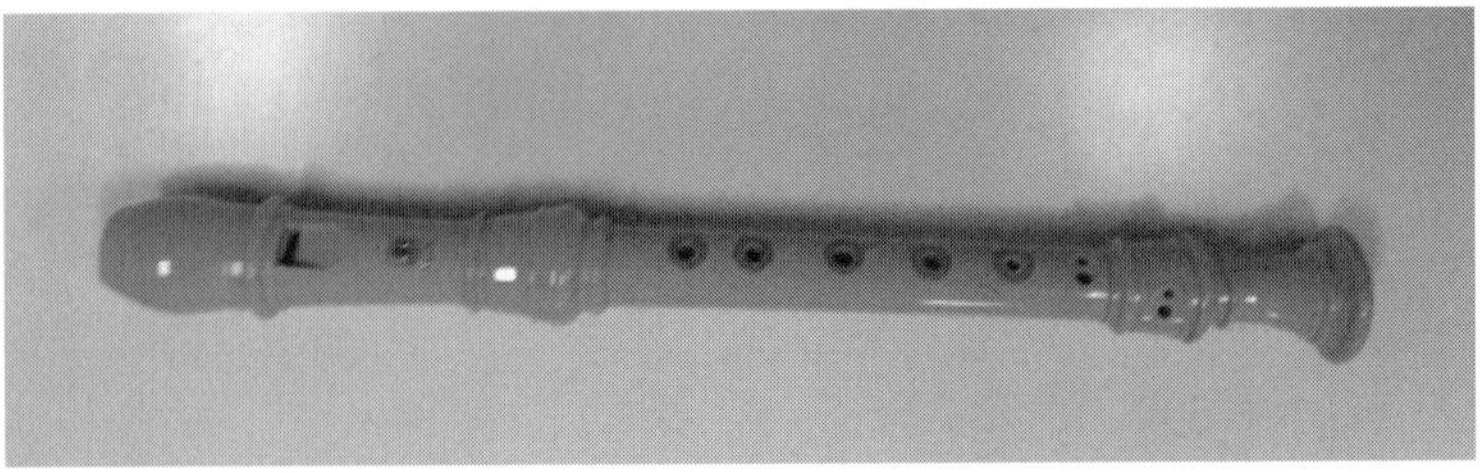

図5　スズキのリコーダー「PLUMA SR-G」

わり算の手順が覚えられない子

(1) わり算の手順表を手元に置こう

わり算の筆算は「たてる」「かける」「ひく」「おろす」と複数の手順を繰り返していく必要がある。この手順が覚えられず苦労している子どもたちがいる。視覚優位の子どもたちには、手順表などの視覚的な教材を用意することは他の教科や場面でも有効である。

(2) 歌でわり算の手順を覚えよう

視覚よりも聴覚優位（聞いた方が覚えやすい）子どもたちには「歌で覚える」という手だても有効である。「一〇人のインディアン」の替え歌で「たてる・かける・ひく・おろす、たてる・かける・ひく・おろす、たてる・かける・ひく・おろす、これでわり算できちゃった」と歌を歌いながら手順を説明していく。手順を掲示しておくというのもよいだろう。目で見て聞いてというように視覚と聴覚の両方で記憶に留めておくように工夫する。なかなか手順が覚えられなかった子どもがこの歌で、わり算の手順を覚えていくことができた。

このように歌で覚えていく方法は、個別の支援の中だけでなく、全体の指導の中でも取り入れやすい。言葉だけで覚えるのに苦労する子どもも、メロディに乗せていくことで記憶に留めやすいケースが多くある。

【参考】 歌で一〇の合成分解を覚えよう

「もしもしかめよ」の替え歌で、「一と九で一〇です

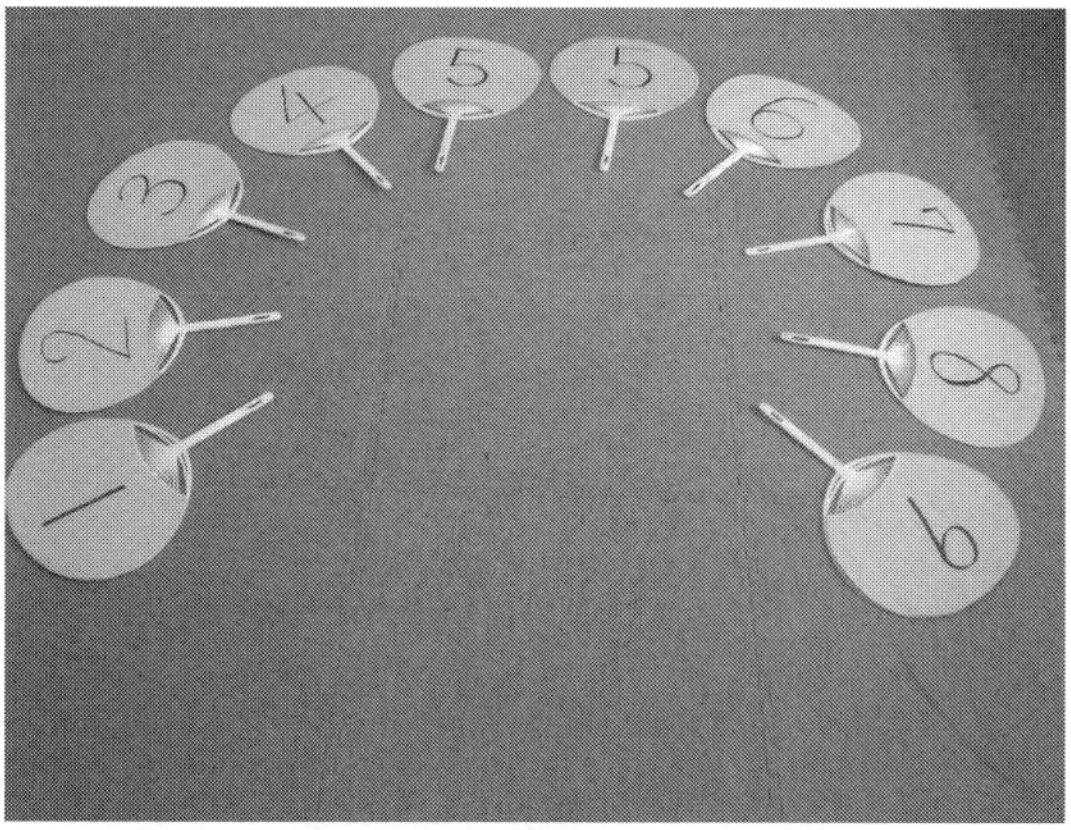

図６　１から９までの数字が書かれたウチワ

よ。二と八も一〇ですよ。三と七も一〇ですよ。四と六も一〇ですよ。五と五も一〇ですよ。六と四も一〇ですよ。七と三も一〇ですよ。八と二も一〇ですよ。九と一も一〇ですよ」と歌いながら、一から九までの数字が書かれたウチワ（図6）やカードを取る。学級で行う場合は、教師が数字を一つ見せ、それとあわせて一〇になる数字カードを選んで立つというゲーム形式で楽しむこともできる。楽しみながら学習したことは記憶に残りやすい。

4 コンパスがうまく使えない子 ～「くるんパス」で慣れよう～

コンパスは、親指と人差し指を対応させて持ち、さらにひねるという作業が入ってくるため、手先に不器用さがある子どもたちには操作が難しい場合がある。

「くるんパス」（ｓｏｎｉｃ）（図7）は、不器用な子どもたちでも扱いやすいコンパスである。使いやすい物を使うことで、よけいな苦労をしないで、学習に取り組むことができる。

「くるんパス」のよいところは、持ち手のキャップが取り外し可能で、キャップを外すと通常のコンパスと同じつまみがついているところである。できるようになってきたら、支援を減らしていくということが、一つの教材の中でできるところもよい点である。

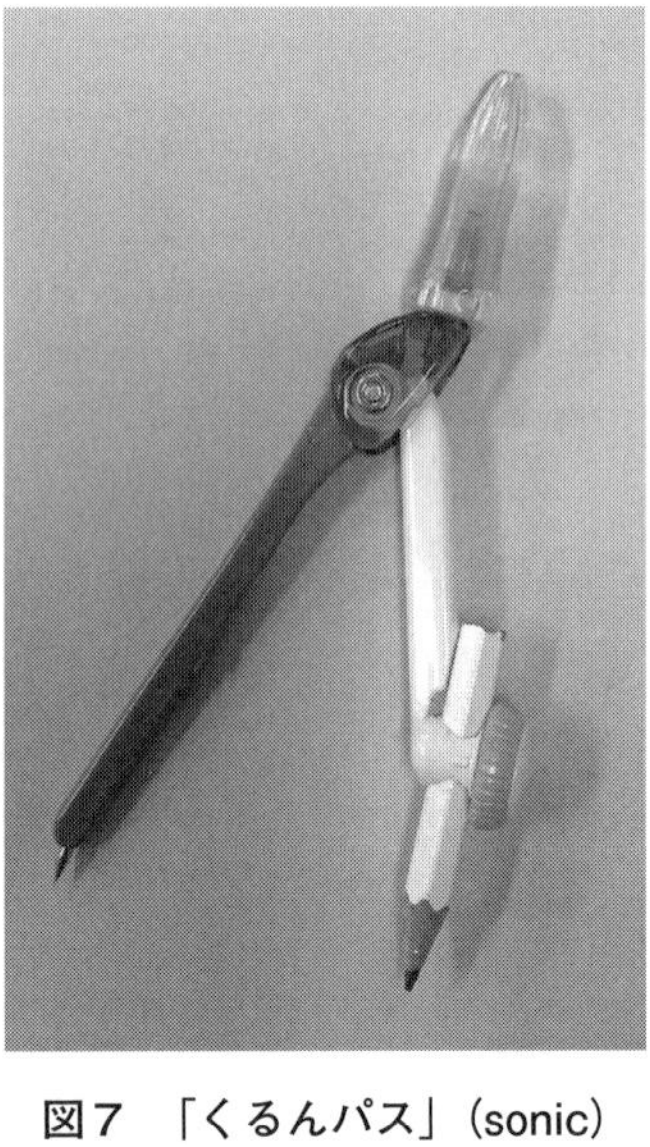

図7　「くるんパス」（sonic）

5 縄跳びが苦手な子 ～エアー縄跳び（切った短縄）～

短縄跳びをするときに、縄をうまく回すことができず、ひっかかってしまうという子どもたちがいる。あゆみさん（仮名）もその一人だ。あるとき、縄跳びの縄が真ん中で切れてしまった。その縄跳びで跳ぶとひっかかることがなく、本人は跳んだ気持ちになれるようで、みんなと練習をするときにはこの縄跳びを持っていき嬉しそうに縄を回し練習をするようになった。この「エアー縄跳び」は、手首で縄を回す動作が獲得しやすい。またひっかかることがないので、リズミカルにジャンプする練習もしやすい。「エアー縄跳び」で練習を重ねたあと、普通の縄に変えてみるとあゆみさんも縄跳びが跳べるようになっていた。

立つ場所がわかりにくい子
～アクティブプレースポット～

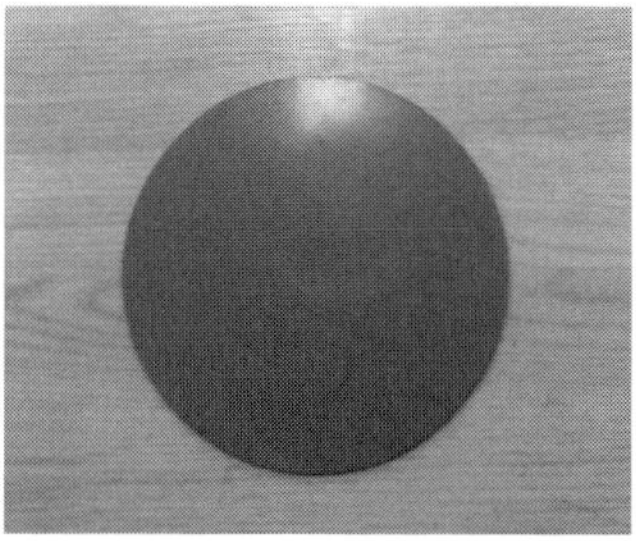

図８　「アクティブプレースポット」（トーエイライト）

校庭で並ぶときに場所がわからなくなる子どもや多動で動いてしまいがちな子どもには、「アクティブプレースポット」（トーエイライト）（図８）のような目印があるとわかりやすい。

滑り止めがついており、赤・黄・緑・青・紫・オレンジと六色あるので舞台発表などのときに、子どもごとの立ち位置や、赤から黄色に行くなど移動の仕方を色で示すことも可能である。長縄跳びをするときに同じ場所で跳ぶことが難しい子どもにもこの印があると、どこで跳べばいいのかが意識しやすくなる。置くだけで、移動も簡単なので、教室で日直が立つ場所や発表のときに立つ場所などの目印として使うことも可能である（図９）。少し後ろに下がってというときなども「少し」が伝わりにくくても、このスポットをずらすことで「ここに立って」と声をかけることができる。視覚的な手がかりになるので、気持ち的にも落ち着けるようである。

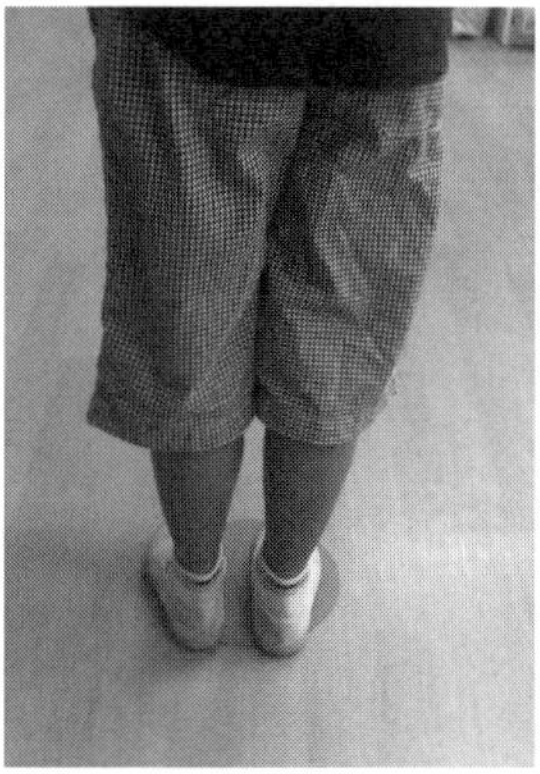

図９　スポットの活用例

6 学校全体からみるユニバーサルデザイン

学校現場での合理的配慮と支援体制づくり

——今、学校の役割は……

山《やま》中《なか》徳《とく》子《こ》

○ はじめに

近年、通常学級での支援や配慮も本格化し、平成二四年、文部科学省は「共生社会の形成に向けたインクルーシブ教育システム構築のための特別支援教育の推進（報告）」をまとめた。そこで、「今、学校現場で必要とされている合理的配慮をどうとらえ、インクルーシブ教育を推進していくのか」これまでの実践を振り返り問題提起していきたい。

また、学校運営を担う管理職が「今後どのような視点で学校全体のユニバーサルデザインを進めていくことが必要か」についても考えていきたい。

一 小学校でのインクルーシブ教育

(1) 「合理的配慮」とは

中教審特別委員会のワーキンググループ報告（1）では、合理的配慮は、障害のある子どもに対し、「個別に必要とされるものであり、学校の設置者及び学校に対して体制面、財政面において、均衡を失した又は過度の負担を課さないもの」とされている。具体例も示されているが、一人一人の教育的ニーズに応じて本人、保護者と「個別の教育支援計画」を作成する中で合意形成を図り、決定していかなければならない。

(2) 基礎的環境整備

「基礎的環境整備」は図1のように「合理的配慮」の基盤となるもので、環境整備の状況に応じて個別の配慮が決まっていく。校舎環境のバリアフリー化、通級や特別支援学級といった多様な「学びの場」、専門性の高い支援員配置などの状況が基になる。

「合理的配慮」と学校のユニバーサルデザイン化

合理的配慮には、「教育内容・方法」「支援体制」「施設・設備」の三つの観点が示されており、学校の教育環境がユニバーサルデザイン化されることで、インクルーシブ教育全体の推進につながっていく（図1）。

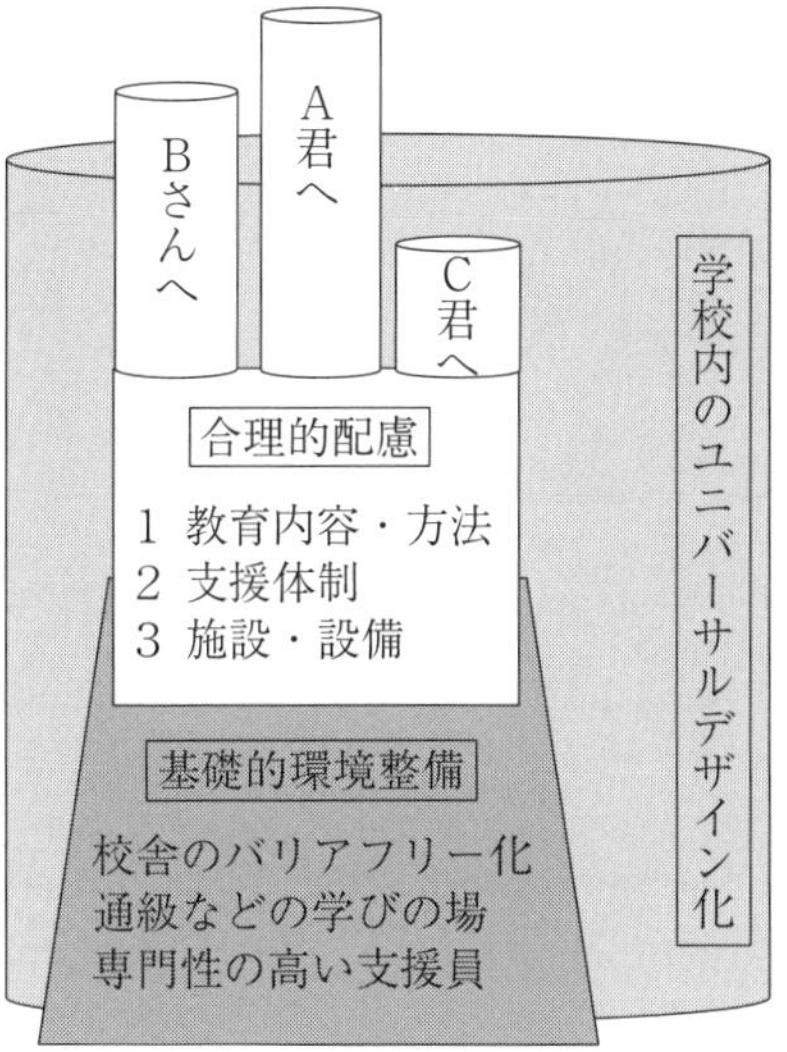
A君へ
Bさんへ
C君へ
合理的配慮
1 教育内容・方法
2 支援体制
3 施設・設備
基礎的環境整備
校舎のバリアフリー化
通級などの学びの場
専門性の高い支援員
学校内のユニバーサルデザイン化

図1　学校内のユニバーサルデザイン化

学校経営の一つの視点として取組む

(1) 教育計画の工夫

①個別の教育支援計画と個別の指導計画

児童の教育的ニーズを把握し、適切な教育内容や活動方法と教材の整備を行う際、管理職は保護者との面談に同席して必要な環境整備や具体的な合理的配慮について共に考え、支援していくことが大切である。

②学校行事の中で

運動会や学校公開など異学年集団や保護者、地域の人々がかかわる教育活動では、予定の視覚化、会場案内など誰にとってもわかりやすい工夫がされている。これは、学習の見通しが持てない児童への個別タイムテーブルという合理的配慮につながっていく。学校行事や特別活動の中には個別支援の具体的なヒントがたくさん使われているのである。

③授業づくりの中で

佐藤愼二教授（植草学園短期大学）も「ＬＤ等の子どもには『ないと困る』支援であり、どの子どもにも『あると便利』な支援がユニバーサルデザイン（以下ＵＤ）の授業づくりだ」と説いている(2)。

書字に困難のある児童に用意した原稿用紙をクラス全員の選択肢として広げることで、意欲の喚起や「わかる授業」「楽しい授業」につながったり、教室掲示の調整が全体の集中を高めたりする場面は少なくない。

課題研究は教科別に行われることが多いが、ＵＤの視点で授業を分析し、必要かつ効果的だった支援について検証するのも一考である。

④専門機関（心理・医療・福祉）との連携

まずは自治体の支援システムや地域のリソースとなる機関について、自ら、出向いて最新情報を収集し、理解を深めておくことが重要である。そのうえで、担当者をつなぎ、その後の対応を確認していく。

⑤幼・小・中学校との継続支援

「どの時期に、どの担当者がどのような方法で情報交換を行い、引き継ぐか」をシステム化し、教員や担当者が変わっても機能する手立てが必須である。

(2) 人的支援体制の構築

①機動力ある組織の再編（図2）

○生徒指導委員会を核として、校内委員会の機能も兼ねることとした。【生徒指導】に安全・人権、【特別支援教育】に教育相談・特別活動、【学校保健】に体育の主任がかかわるように再編し、月一回の開催とした。

②委員会でのケース会議（月一回一時間）

○学校全体での課題と取組を検討し、個別支援の必要がある児童については支援員や相談員の対応シフトを決め、直接かかわるチームを確認する。また、医療・福祉機関との窓口や保護者への対応者を確認する。

③チームミーティング（月一・二回程度三〇分）

○直接児童にかかわる数人で、一か月のスパンで目標を立てて支援し、その妥当性を検討する。

④生徒指導にかかわる職員集会（週一回全員で一五分）

○担任からの報告による情報と対応の共有

軌道に乗るまでは管理職の積極的な介入（声掛け・見届け・保護者対応）が必要であり、「だれが、いつどこで、どんな支援をするのか、次回のミーティングは何日後に行うのか」確認しておく。

⑤教員の専門性向上とコーディネーター

児童の持つ特性の理解と効果的な支援方法について、実践的なケースワーク等の研修を定期的に設定する。ベテランが経験的に持つサポートの知恵を、若い世代が、ＩＣＴを活用した次世代型の教育技術へと進化させている。

また、専門性の高いコーディネーターや特別支援学級担任が校内を巡回し、相談できるよう授業の持ち時数軽減も必要であろう。

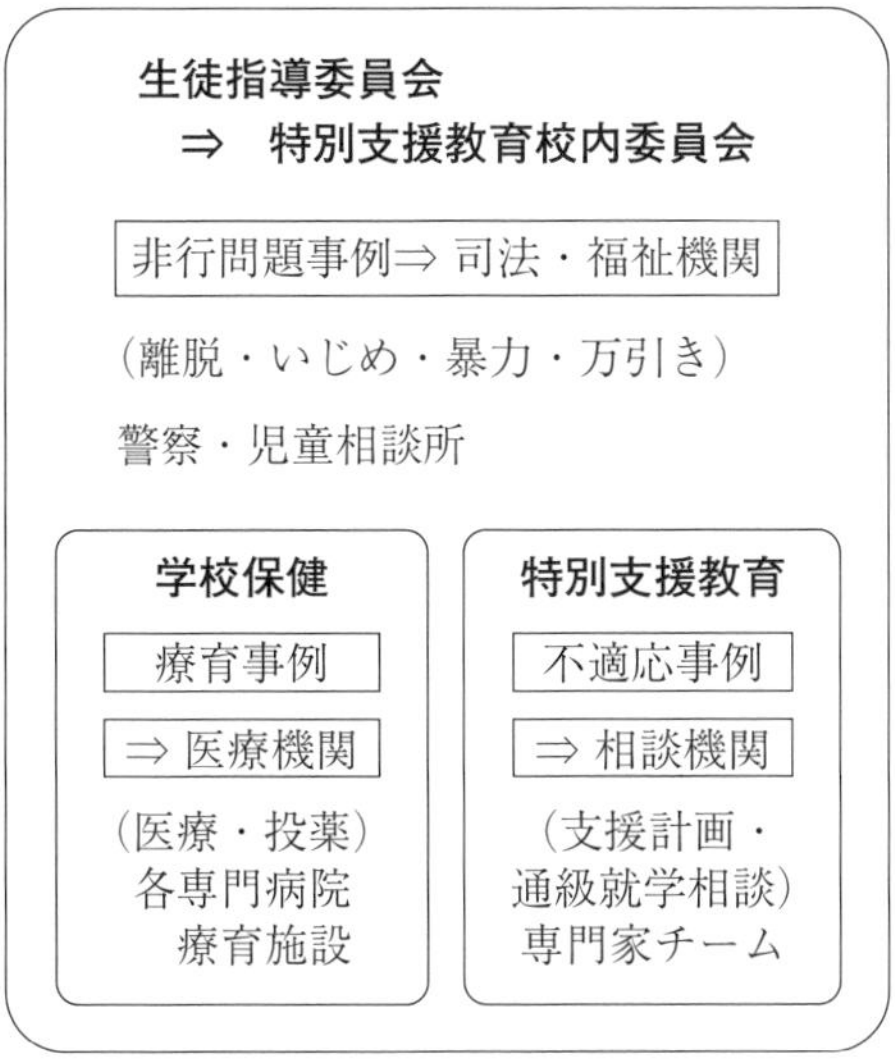
生徒指導委員会
⇒ 特別支援教育校内委員会
非行問題事例⇒ 司法・福祉機関
（離脱・いじめ・暴力・万引き）
警察・児童相談所
学校保健
療育事例
⇒ 医療機関
（医療・投薬）
各専門病院
療育施設
特別支援教育
不適応事例
⇒ 相談機関
（支援計画・
通級就学相談）
専門家チーム

図２ 校内の支援体制

(3) 施設・設備の整備

①計画的な施設のバリアフリー化

肢体・聴覚、視覚に配慮を要する児童が学校生活を送るという視点で安全点検を行い、物理的環境の改善を図っていく必要がある。

②個々の特性に配慮した環境調整

片麻痺の児童への手すり・レバー水栓の設置や、聴覚過敏・注意の集中への配慮を考え、机や椅子脚へのテニスボール装着、視覚に配慮した照明などは学校全体のＵＤ化につながる。

③リソースルームの設定

小学校において、相談室及び個別学習ができるリソースルームは必須である。個別学習をする場合、次のような学校統一のルールを確認しておく必要がある（図３）。

3べんきょう①②は、個別のねらい（巧緻性を向

個別学習　メニュー

1　始めのあいさつ
2　先生から（予定）
3　べんきょう①
　　べんきょう②
4　自由べんきょう
5　終わりのあいさつ

図３　リソースルームにおける個別学習メニュー

上させる・視覚認知を高める・集中力の持続など）に沿って意図的な学習内容を用意する。［４自由べんきょう］は頑張って取組み、時間が余ったときにできる学習（パズルなど楽しい課題）を、児童が選んでおいて始める。

活用する際のルールや支援者の確保も重要であり、担当を配置できないときは、隣接する教室や学級内に気持ちの切り替えをするためのクールダウンスペースや集中ブースを設定する工夫も試みられている。

④ＩＣＴ教材・教具の充実

各校では大型テレビや電子黒板はもとより、児童用タブレット端末やスマートフォンなど身近な機器を利用した視覚提示や書字への配慮も急速に進んでいる。また、それらを活用した教材の整備についても視野に入れて予算を執行していかなければならない。

⑤地域の避難場所として

学校は多くの場合指定された避難場所でもあり、校内のＵＤ化は社会的責務でもある。緊急時の対策マニュアルを整備し、保護者・地域自治会との合同防災訓練も実施されている。

出入り口や体育館の各表示は初めて訪れる人でも一目でわかるような統一カラーでの構造化や非常時にカラーコーンやバーで即座に動線が作れる工夫が必要である。

これら施設・設備の整備は、限られた条件と予算の中で進められていくが、学校・児童の実態を見極め、優先順位をつけながら計画的に整備していくのも学校の役割としてあげられる。

5 管理職の役割

学校運営を担う管理職は、まず自校の実態と教育的ニーズを整理し、その課題を解決するための組織づくりを行わなければならない。組織する

次に、組織を活用する中で機動力を高め、教職員一人一人の力量を育てる必要がある。育てる

そして、個別の支援を次年度担任へ、他機関や進学先へと継続させていかなければならない。つなぐ

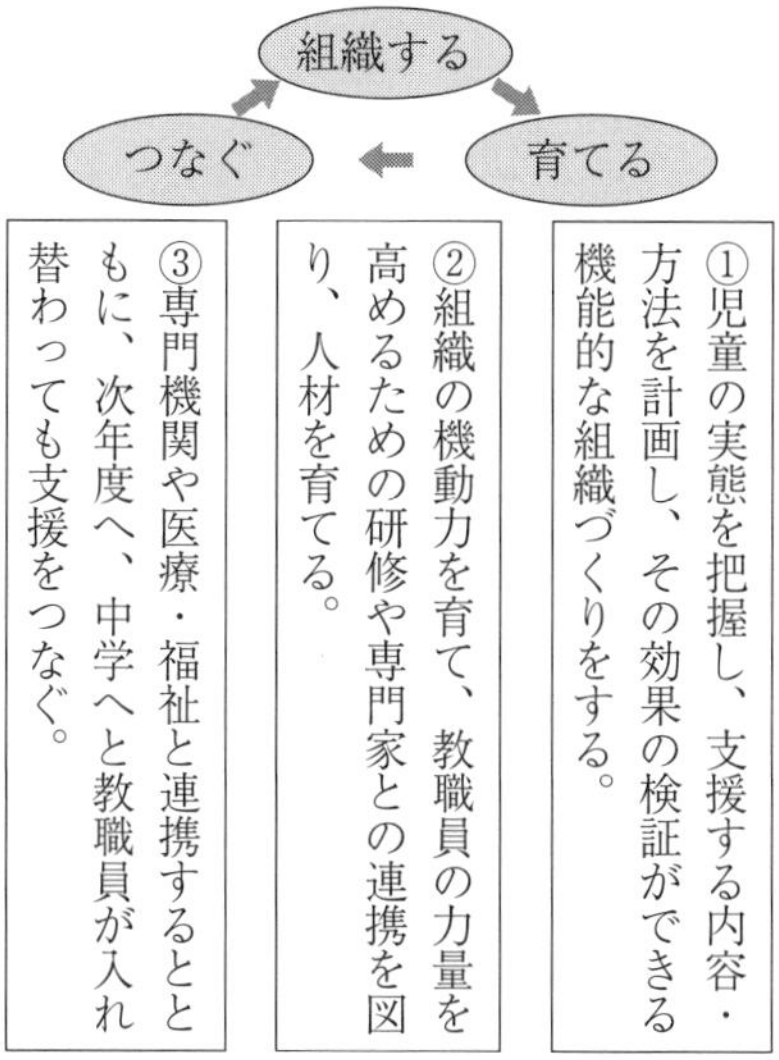
組織する
育てる
つなぐ
①児童の実態を把握し、支援する内容・方法を計画し、その効果の検証ができる機能的な組織づくりをする。
②組織の機動力を育て、教職員の力量を高めるための研修や専門家との連携を図り、人材を育てる。
③専門機関や医療・福祉と連携するとともに、次年度へ、中学へと教職員が入れ替わっても支援をつなぐ。

図４　管理職の役割

この三つのサイクル（図４）を循環させていくことが、今、管理職に課せられた役割ではないだろうか。

おわりに

今後も、学校生活で不適応を生じている児童の対応には、学校全体でとらえ、ＵＤの視点を生かした学校経営を工夫し、一人一人の子どもたちの輝く笑顔のため、さらに努力していきたい。

〔文献〕

(1)　中央教育審議会初等中等教育分科会特別支援教育の在り方に関する特別委員会　合理的配慮等環境整備検討ワーキンググループ「合理的配慮等環境整備検討ワーキンググループ報告」文部科学省、二〇一二

(2)　全日本特別支援教育研究連盟（編）、佐藤愼二・漆澤恭子（責任編集）『通常学級の授業ユニバーサルデザイン』日本文化科学社、二〇一一

外部専門家による訪問型の学校・教員支援（巡回相談）とユニバーサルデザイン

大石幸二《おおいしこうじ》

巡回相談員や外部専門家が教育現場に関与する機会が増えている。小学校では、学級担任制を敷いている。そのため、研究授業や、教育委員会の指導課訪問の機会などを除くと、第三者の目で、教室における指導の効果が検証される機会は限られている。学校には必ずしも人員的な余裕がないために、スクールカウンセラーやスクールソーシャルワーカー、教育相談員、センター的機能を発揮する特別支援学校のコーディネーター、ことばときこえの教室や発達・情緒障害通級指導教室の担当者による訪問型の学校・教員支援は、前記のような「教室における指導の効果」を検証するかけがえのない機会となる。ただし、その際に、学級担任や学年担当の教員に脅威を与えたり、過度の負担を強いることは回避しなければならない。また、教室に特別支援教育支援員や合理的配慮支援員などの人員が存在する場合には、学級担任とそれらの支援員との「連係プレイ」「チーム・ティーチング」の推進にも意を用いなければならない。それらの配慮なしには、巡回相談員や外部専門家の提案や助言は、教員に受け容れられることはないだろう。また、「教室における指導の効果」の実感にも結びつかず、息の長い実践とはならない虞《おそれ》がある。

さらに、学校長を筆頭とする管理職のリーダーシップは、ユニバーサルデザインの実践と浸透に大きな意味を与えることになる。管理職は、教育実践のプロではあるけれども、必ずしも「特別支援教育」に造詣の深い先生方でないかもしれない。旧来の「特殊教育」と区別がつかない先生方もいるかもしれない。そのため、ユニバーサルデザインの取り組みが、いかに教育実践全体を潤すことにつながり、児童一人ひとりの学びの質の向上に結びつくのかを、明快に伝えられなければならない。管理職の理解なしにユニバーサルデザインの成功はない。

このようなことを念頭において、本稿では、次のことを略述する。①ユニバーサルデザインの取り組みがいかに教員の指導力向上に結びつくか、②教員の指導力向上や教職の専門性発達に巡回相談がどれほど有用であるか、③教員の指導力向上や専門性発達により児童一人ひとりの学びがいかに促進されるか、そして、④教員と児童の変容を促すためにいかに巡回相談員のコンサルテーション技術が問われているか、という四点である。

ユニバーサルデザインの取り組みがいかに教員の指導力向上に結びつくか

教育現場におけるユニバーサルデザインは、①学習のユニバーサルデザイン、②指導のユニバーサルデザイン、③児童生徒・学生サービスのユニバーサルデザイン、④学校システムのユニバーサルデザインなどを含んでいる。ひとたびユニバーサルデザインが適用されれば、万人の参加と活動（注1）が保障されることになる。すべての児童が学び育つことができるためには、その個々の特質に応じて、指導と評価が調整されなければならない。よって、万人の参加と活動をめざせば、その当然の帰結として教員の指導力向上（指導と評価の調整）に結びつくものと思われる（たとえば、文献（1））。けれども、わが国では、正式の審査を経て学会誌に掲載された学術研究論文（注2）は一編も存在しない。ゆえに、前記の期待は、まだ科学的に実証されているものではない。今後の実践への期待が大である。

教員の指導力向上や教職の専門性発達に巡回相談がどれほど有用であるか

教員の指導の力点は、児童に直接向けられる（児童と教員間の相互作用に向けられる）必要がある。また、児童間の相互作用の調整やそのマネジメントにも向けられる必要がある(2)。これを客観的に整理し、見直しと修正を助けてくれるのが巡回相談である。しかし、教室や学校内外を「多様性」を認める「目」で埋め尽くすことができるよう教員が学級・学年経営を深化させ、管理職が学校経営を改善し、教育行政担当者が教育経営・教育改革を推進することは、実は容易なことではない。そのため、まずは一人ひとりの教員が教室の中で、児童一人ひとりのために何を準備し、どのように教室環境を調えるかということが実行可能かつ効果的な「はじめの一歩」となる(3)。そのような客観的な観点をもってフィードバックすることが、巡回相談員や外部専門家の主要な役割となる(4)。

教員の指導力向上や専門性発達により児童一人ひとりの学びがいかに促進されるか

実際に教員の力量が、児童に向けて遺憾なく発揮されるとき、その教員は次の二つのことをよく認識しているに違いない。それは、児童が「しようとしてもできないのか（can't do）」、それとも「そもそもしようとしていないのか（won't do）」ということの識別である。武藤(5)は、C・H・スキナーのまとめを引用しながら、これらの原因に対応した解決方法を整理している。前者（can't do）の場合には、①必要な教材を十分に準備し、②理解を助ける助言を個別に与え、③一課題あたりの所要時間が短くなるよう課題・活動を配列し、④前提となるスキルの補充と、求めるスキルの調整を行う必要がある。一方、後者（won't do）の場合には、①課題を小分けにして達成可能性を高め、②単一の課題に要する労力が過度なものとならないように配慮し、③課題・活動従事に対するやり甲斐を高める評価を行い、④児童の主体性や関与を発揮しやすくする場面を設定することが重要だとされている。巡回相談では、これらのことに教員一人ひとりが気づいて、その後、自覚的に授業改善と学級・学年経営を深化させることができるように取り組むことが求められる(3)。このような意識化が不可欠である。

7 教員と児童の変容を促すためにいかに巡回相談員のコンサルテーション技術が問われているか

巡回相談員や外部専門家が教育現場に関与する場合には、独特の難しさがつきまとうということを了解しておく必要がある。それは、望ましい関与を行うために、児童と教員、それから外部専門家との三者関係を成立させなければならないということである。すなわち、児童と教員の間に相互強化的な関係が成立することに加えて、教員と外部専門家との間にも相互強化的な関係が成立しなければならない。さらに、間接的にではあるが、児童と外部専門家との間にも相互強化的な関係が成立していなければならない。巡回相談とはそのような微妙なバランスのもとに成立しているということを忘れてはならない。このような三者の相互に肯定的な関係が損なわれている状況の下では、教員による抵抗が真っ先に生じることが指摘されている(6)(7)。さらに、管理職のリーダーシップを引き出し(8)、あわせて、特別支援教育のセンター的機能を発揮している特別支援学校のコーディネーターともよく連携・協力をして地域における生活のしやすさを高めるユニバーサルデザインの構築にも努める必要がある(9)。

〔註記〕

(注1) 万人の参加と活動 すべての児童が学び育つことができる授業や学級・学校づくりに向けて、学校改善の努力を続けなければならない。詳しくは、次のDVDを参照されたい。(大石幸二『万人のための学級・学校づくりをめざすコンサルテーション』公益社団法人神奈川学習障害教育研究協会、二〇〇八)

(注2) 学術研究論文 CiNii Articles(国立情報学研究所、検索語=ユニバーサルデザイン+教員、指導力、二〇一五年八月一日アクセス)によれば、商業誌や大学等の紀要に掲載された実践報告は存在する。また、学会誌に掲載された特集記事も多数存在

しており、それらを参照することはできる。

(注3) 引用文献リストには、できる限り無料提供されている、入手可能な学術研究論文を挙げるように留意した。和文論文はすべてCiNii Articlesから入手することができる。また欧文論文もすべてGoogle Scholarから入手することができる。

〔文献〕

(1) Burgstahler, S. (2004) Universal design: Process, principles, and applications. http://www.washington.edu/doit/Brochures/Programs/ud.html (二〇一五年八月八日アクセス)

(2) Sugai, G., & Horner, R. (2002) The evolution of discipline practices: School-wide positive behavior supports. *Child & Family Behavior Therapy*, 24, 23-50.

(3) 大石幸二『通常学級における特別支援教育の視点に立った学級経営――未来志向の教育デザイン』学苑社、二〇一三

(4) 大石幸二「知的障害教育における『現場研修』への応用行動分析学のアプローチ」『特殊教育学研究』第三八巻、五三―六三、二〇〇〇

(5) 武藤崇「特別支援教育から普通教育へ――行動分析学による寄与の拡大を目指して」『行動分析学研究』第二一巻、七―二三、二〇〇七

(6) Butler, T. S., Weaver, A. D., Doggett, R. A., & Watson, T. S. (2002) Countering teacher resistance in behavioral consultation: Recommendations for the school-based consultant. *The Behavior Analyst today*, 3, 282-288.

(7) 大石幸二「外部専門家による全学校規模の介入〝準備〟段階の重要性――教師の学生受け容れ度を指標とした導入過程の評価」『特殊教育学研究』第四二巻、五七―六八、二〇〇四

(8) 大石幸二「特別支援教育における学校長のリーダーシップと応用行動分析学の貢献」『特殊教育学研究』第四四巻、六七―七三、二〇〇六

(9) 赤塚正一・大石幸二「就学期の移行支援体制づくりに関する実践的研究――地域における特別支援学校のコーディネーターの役割と課題」『特殊教育学研究』第五一巻、一三五―一四五、二〇一三

7

教育のユニバーサルデザインと生徒指導

特別支援教育の視点からみる生徒指導とは

松久眞実《まつひさまなみ》

特別支援教育と生徒指導

「最近、従来の生徒指導の枠にはまらない生徒が増えている」と、ある県の生徒指導のトップがもらした言葉が忘れられない。昔の生徒は教師が大声で怒鳴っても、数年後「あのとき、先生に怒鳴られて良かった」と学校に訪ねてくることが少なくなかったが、最近は情が通じない生徒が増えてきていると言うのである。

最近は、感情のまま叱るとたいてい失敗する。そもそも教師は、子どもの将来を心配して叱っている。「こんなに忘れ物をしていたら、中学校へ進学したら困るだろう」「こんなに整理整頓できなかったら、就職してから困るはず」と、将来を心配するがゆえに叱るのである。しかし最近は、いくら子どもに愛情を持っていたとしても「忘れ物ばかりでやる気がないなら、勉強しなくてもよろしい！」などと言うと、本当に何もしなくて座っている。

特別支援教育は叱らない教育ではない。命に関わることについて叱らずに、教育といえるだろうか。叱ることは必要だが、そこには「叱るコツ」が必要である。従来、障害児教育と、生徒指導が同じ土俵で語られることは少なかった。障害児教育といえば、児童生徒の特性に応じた丁寧できめ細やかな指導を思い浮かべ、反対に生徒指導といえば、反社会的な問題行動を防ぐための厳しい校則遵守、力強い指導を思い浮かべる。

　しかし発達障害という概念がクローズアップされるようになり、特別支援教育と生徒指導は無縁ではなくなってきた。生徒指導や教育相談の分野で扱われている「非行」「不登校」「いじめ」などの問題行動が、発達障害の二次障害と無関係ではないことは周知の事実になりつつある。

　発達障害のある児童生徒が、不適切な養育環境や、激しい叱責を受けることによって、二次障害として反抗挑戦性障害を引き起こしたり、友だち関係のつまずきやいじめから不登校状態に陥ることは少なくない。今こそ特別支援教育の視点を盛り込んだ生徒指導が、求められているのではないだろうか。また、今まで生徒指導や教育相談の分野で培われてきた手法や成功事例を、特別支援教育に生かすことが大切であると考える。

C 発達障害を背景とした生徒指導上の問題への支援

　これらの二次障害に陥っている児童生徒に共通するのは、おしなべて自尊感情や自己肯定感が低いことである。この自尊感情の低い児童生徒に対応していると、自分が試されていると感じることが多い。

　発達障害のある子どもは、育てにくいがゆえに虐待のリスクファクターである。安定した愛着関係の中で育てられなかった子どもは、感情のコントロールが困難であり、周りの大人の行動に過剰に反応する。児童生徒自身が生きづらさを抱え困っているにもかかわらず、大人に対して弱々しく助けを求めることはまれで、周りの大人の助けを拒否するばかりでなく、時には挑発的な態度で援助者の怒りを引きだそうとすることが少なくない。献身的に子どもに関わろうとする教師に対しては拒絶反応や激しい攻撃性を示すのに、無関係な人間には愛嬌を振りまくこともあり、多大なエネルギーを費やした教師は裏切られた気分になって落ち込む。

　発達障害を背景とした生徒指導上の問題への支援について考察すると、児童生徒につけたい力は「自尊心を損なわない」「感情のコントロール」「ストレスへの対処」である。その具体的支援として、拙著(1)(2)の中でいくつか提示してきたが、ここでは、「キラキラすごろく」と「思い出ギャラリー」を紹介する。

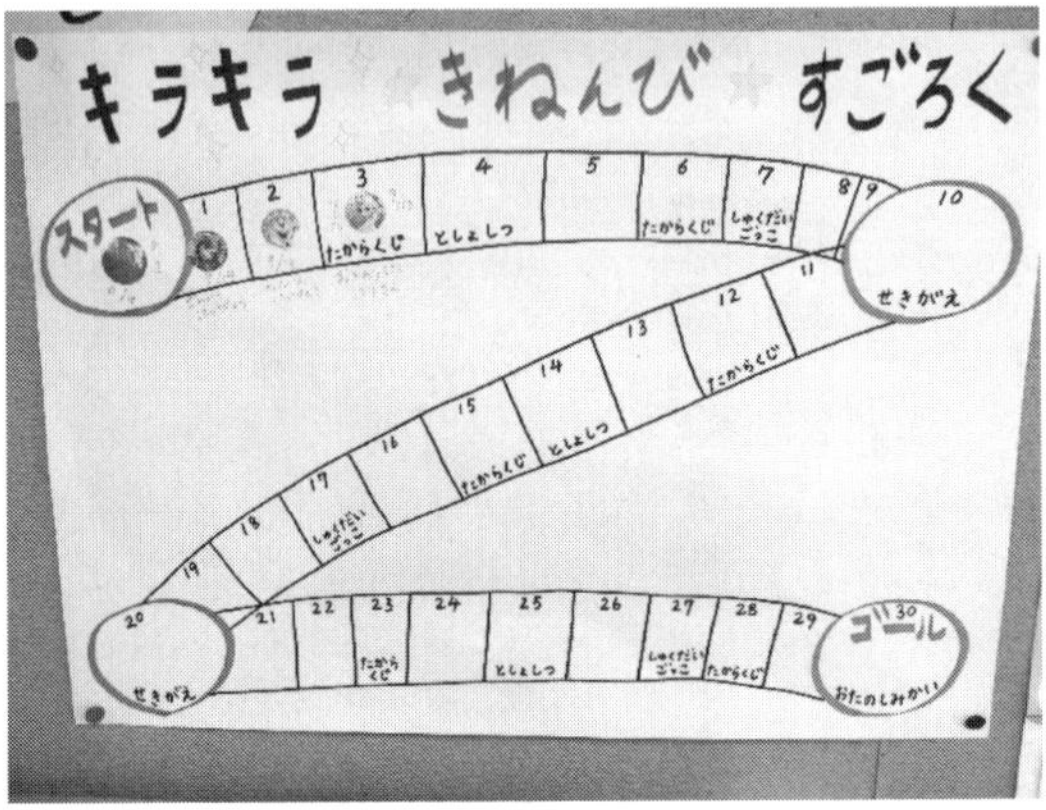

写真1　キラキラすごろく

「キラキラすごろく」は筆者が今まで取り組んできた「記念日遊び」や「ピカビー」の応用編である。すごろくを作成し、掲示する（写真1）。クラス全員が目指す目標を決め、達成した日はすごろくが一つ進む。子どもたちと話し合い、「全員発表」「おかずの全員完食」「宿題忘れなし」等を目標として掲げる。すごろくがいくつか進むと、「宝くじ」「席がえ」「図書室」などのお楽しみが待っている。この取り組みによって、発言する子どもが飛躍的に増え、給食の残量が減った。

「思い出ギャラリー」とは一週間の活動をクラス全員で振り返る時間である。毎週金曜日に、担任がその週に心に残った場面を写真に撮って、生徒に見せながら問いかける（写真2・3・4）。「先生はなぜこの写真を撮ったのか」というクイズである。例えばスポーツテストの後に倒れ込んでいる写真。子どもたちは「五〇メートル走で、全力疾走した」「疲れ果てて倒れ込んでいる」「この後、立ち上がれない？」等と頭をひねる。そこで担任が「惜しい！　これは倒れ込んだ〇君に、みんなが近寄って『すごいな』『最後まで手を抜いてなかった』とほめているところ！」と理由を述べる。今週のトピック写真を何枚か見た後、「今週の振り返り」をノートに書いて提出する。週末がいい思い出で彩られ、気分良く帰ることができる。そのノートに担任が一言書き添えて、月曜の朝、生徒の机に配っておく。月曜日に登校した生徒たちは、担任からの温かい励ましを読んで一週間をスタートさせるという、プラスのサイクルで学級経営を進めていくことができる。

　前年度、崩れかけていたクラスが「思い出ギャラリー」の取り組みによって見事に息を吹き返した。居心地の良いクラスへ変化することによって、いじめや不登校が減る可能性も高い。

2 教師の「感情のコントロール」

児童生徒の「感情のコントロール」だけでなく、教師の「感情のコントロール」も重要な課題である。攻撃性の高い挑発的な児童生徒に対応していると、教師自身の感情コントロールは困難を極める。筆者は児童養護施設が校区にある学校に勤務し、毎年のように虐待の背景に発達障害が見受けられる児童生徒を担任する中で、自分自身の感情のコントロールに苦慮することが多かった。児童生徒の挑発的な態度やふてぶてしい行動に翻弄され、相手のペースに巻き込まれては大声を出して威嚇した。しかしその後は、必ずといってよいほど自分の大人げない態度に落ち込んだ。

いかに怒りをコントロールするかについて、ここでは「ほめ方・叱り方」と「好意に満ちた語りかけ」について述べたい。児童生徒をほめることによって成長が期待できることに異論はない。スモールステップで

写真2　オルガンを動かして隅から隅まで掃除している

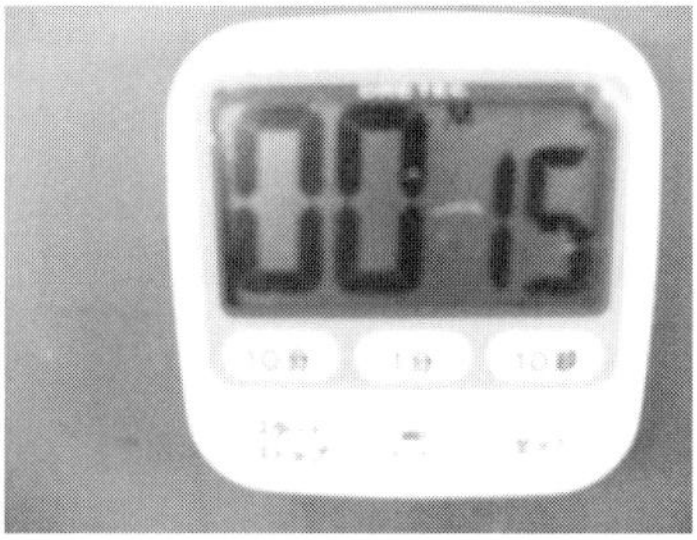

写真3　給食準備8分間で，残り15秒で完了。自分たちで早くしようと声をかけ合っていた

写真4　以前は筆箱が空になっていたのに，筆箱の中に削った鉛筆が5本と消しゴムが入っていた

すかさずほめること、結果でなく努力や過程をほめること、ほめることだけに絞るなどのほめ方のコツは言うまでもないが、特に相手が他人から認めてもらいたい事柄をほめるのが、大切なポイントである。他人から聞きたいと思っている言葉でほめられると、自尊感情が上がる。そのためには、教師が児童生徒の望んでいるほめ言葉を推し量る技量が必要になってくる。

叱り方はさらに高度な技量が必要である。従来のような厳しい叱責や「根性論」では、児童生徒は動かないどころか反抗し挑戦的な態度を示す。二次障害として反抗挑戦性障害のある児童生徒は、権威のある者が力で抑え込もうとすると反発し、長い説教を聞くことは、焦点化の悪い児童生徒にとってはかえってポイントが絞れない。また注意集中に課題のある児童生徒にとっては長い叱責は耐えられない。聴覚的な困難をもつ発達障害のある児童生徒は、大声での叱責は音が割れて聞き取れず、不安を感じさらに感情コントロールが困難になる。

叱り方のコツの中で特に「叱る基準がぶれない」「毅然と短く叱る」ことを提言したい。自閉スペクトラム症のある児童生徒には見通しを示すことが必要で、教師がいきなり叱ると不安になりパニックに陥る。あらかじめ見通しを持たせるために叱る基準を示し、それがぶれないことが大切である。指導がぶれると、児童生徒に不信感や不公平感を与えることになる。叱る基準があいまいでなくわかりやすいこと、どんなときに叱られるのか見通しを持てることは、自閉スペクトラム症の児童生徒にとっては大切な支援である。教師は感情にまかせて怒るのではなく、基準を遵守して叱り、叱った後に短く理由を説明する。この基準がぶれないためには教師自身が怒る前に冷静になり、叱ることが妥当であるかを常に自分に問いかけ、感情的にならないことが重要である。感情的にならず、反対におろおろせず毅然たる態度で短く叱ることは、発達障害のある児童生徒のみならずすべての児童生徒に有効な支援である。

信頼関係を構築するために

最後に、発達障害のある児童生徒を含むすべての児童生徒が、教師の指示や言葉に耳を傾けるために、必要なことは何か。それは言うまでもなく教師への信頼感である。自閉スペクトラム症のある児童生徒は、信頼できるのは誰かについて本能的によく知っている。しかし昨今、教師に対する信頼感や尊敬を構築するのは、困難を極めるようになってきた。教師の権威が失墜し、尊敬の念や信頼感を築くことが難しくなり、高圧的な威嚇で児童生徒をコントロールしようとすると反発され、優しく子どもに近づき譲歩すると、見下され乗り越えられてしまう。教師の甘やかしや馴れ合いが進んだ学級は、やがて綻び秩序がなくなり崩壊への道を進む。秩序がなく崩れた学級では必ずといってよいほどいじめが起こり、その標的になるのは発達障害のある児童生徒であることも少なくない。

では教師はどのように児童生徒と信頼関係を構築するのか。筆者は児童生徒に対する「好意に満ちた語りかけ」で構築したいと考えている。児童生徒が教師に対して挑発し教師の尊厳を貶める言葉を言い放つとき、教師の言葉は悪意に満ち、子どもを疑い責めてなじる。「宿題が見あたらない」「消しゴム取られた」と訴えるときに「どうせ忘れてきたんだろう」と教師が答えるか、「一緒に探そう」と言うかで明暗は分かれる。たった一言の悪意に満ちた言葉で信頼関係はいとも簡単に壊れ、それ以降教師の指示は通らない。白か黒かの二元思考で考える児童生徒は、いったん教師に嫌悪感を持つと容易には信頼が回復しない。反対に「好意に満ちた語りかけ」とは、子どもを信じ傾聴し、温かい言葉をかけることである。教師の言葉が悪意に満ちていると、クラスに冷たい人間関係が定着してくる。教師の言葉に好意が満ちていると、子どもたち同士にも少しずつ好意が育ち、温かい雰囲気や友だちを助け合う雰囲気が育ってくる。児童生徒の言葉に対しとっさに好意に満ちた言葉で返せるかどうかは、教師自身の自己コントロール力が試されているのである。そのためには、児童生徒の特性についての理解や、教師個人を支えるチームとしての温かさも必要になってくるだろう。

〔参考文献〕

(1) 高山恵子（編）、松久真実・米田和子（著）『発達障害の子どもとあったかクラスづくり――通常の学級で無理なくできるユニバーサルデザイン』明治図書出版、二〇〇九

(2) 松久眞実（編著）『発達障害の子どもとあったか仲間づくり――いじめ撲滅！12か月』明治図書出版、二〇一四

三つの仕掛けで笑顔溢れるクラスを創る

片岡《かたおか》寛仁《のぶひと》

(1) Aさんの所属するクラス

「ハッピーバースディツゥーユー。」

給食を食べる挨拶をした直後に、Aさんに、みんなが仕掛けたサプライズ。驚いたAさんは嬉し涙を流し、こう言った。

「本当にありがとう。一一年間で一番びっくりして、一番嬉しい誕生日になりました。みんなと一緒になれてよかったです。ありがとう。」

仕掛けた子どもたちも素敵だが、Aさんの言葉もこれまた素敵だ。教室は、子どもたちが互いを大切にする温かい雰囲気で溢れている。

(2) Bさんの所属するクラス

一方で足が机にあたっただけで、

「ふざけんなよ、B。謝れ！」

「はあ？　意味わかんない。むかつく。」

小さなことが、トラブルにつながることもある。いつも教室内には、トゲトゲした空気が溢れている。

この二つのクラスの大きな違いは、クラスの雰囲気を作っている、「不安感」「子ども同士のつながり」である。当然、教師であっても保護者であってもAさんが所属する温かい雰囲気のクラスをのぞんでいる。

実は、Aさん、Bさんは同一人物である。同じ人物であっても、所属する雰囲気が変わるだけで、ガラッと言動も変わり、人格までも変わったかのように映ってしまう。

ある研究では、「子どもたちは本来所属欲求を持っている。しかし、最近の子どもたちは、子ども同士で積極的なつながりを創ることが苦手になってきている。」と指摘している。

確かに現場にいると、そのように実感することが増えてきた。これからの時代は、教師の意図的な人間関係を創っていける「仕掛け」が必要になってくるのではないだろうか。

私は、次の三つを意識して「仕掛け」をしていくことが大切であると考えている。

1 心の健康観察

「小さな変化に気付く」

2 心の風邪予防・栄養補給

「心のやる気スイッチＯＮ」

3 ルールやマナー・目標の明確化

「繋がりの仕掛け」

1 心の健康観察

昔に比べ、刺激やストレスの多い現在を生きる子どもたちは、心に風邪をひきやすくなってきている。いったん広まった負の連鎖は、インフルエンザのようにあっという間に広がってしまう。

そこで必要になってくるのが、子どもたちの心の健康状態を調べる「心の健康観察」だ。毎日学校では、健康観察を行っている。それと同じように、心の面の健康観察を行おうというものである。

(1) タッチ挨拶

私がお勧めする心の健康観察は、「タッチ挨拶」である。登校してきた子どもたちと、「おはよう。」と言いながら手と手でタッチをするという挨拶である。帰りの会の後、別れ際にも「タッチ挨拶」を行う。

(2) 小さな変化に気付く

「タッチ挨拶」をしている理由は、表情や言動の小さな変化から、心の様子を観察するためである。

例えば、視線が合ってニコッと笑ったけれど、すぐに視線をずらし他の方向を見てしまう子どももいる。

視線がずれた後、表情が曇った子に関しては、必ず朝の会の間に、個人的に言葉を掛けるようにしている。「あれ？　ちょっとお疲れ気味？」「どう、元気マックス？」など、なるべく気軽な一言を掛けるようにしている。急に先生から真剣に「どうした。何かあった？」などと訊かれると、子どもの方が、逆に気を遣ってしゃべりにくいこともあるからである。

友だちともめてしまったり、忘れ物をしたりした日は、タッチに来る順番がいつもよりも遅い、何かもじもじした仕草をしていることがある。

そんな時は、教師から声を掛けて安心させてあげることもできる。小さな変化に気付き、不安感やイライラ感を少しでも早く解消するのが目的である。

二　心の風邪予防・栄養補給

体の健康と同じように、心も、風邪をひかないように予防をしたり、栄養補給したりする「仕掛け」が必要である。

一番効果的な時間は、朝の会やホームルームの時間。朝一番の教育活動で、成功体験や笑顔になる楽しい体験をすると、肯定的な気持ちで一日を迎え、「心のやる気スイッチをＯＮ」にすることができる。

例えば次のような活動がある。

(1)　ジャンケンポンポンゲーム

教師とみんなでジャンケンをするのだが、教師が「ジャンケン　ポン」の「ポン」の段階で出した手をみて、二つ目の「ポン」で同じ手を出すという後出しジャンケンである。教師と同じ手を出すので、誰でも難しくなくできる。とはいえ、ジャンケンとなると無意識で勝つ手を出してしまう子もいる。不思議なことに、温かい笑いがおき、みんなの表情もやわらかくなっていく。

その後、後出しで、教師の手に勝つ手を出す。さらにレベルアップをして、教師の出した手に、後出しで負ける手を出すなど、条件を変えることで、誰もが笑顔になっていく「心の栄養」となる。

(2)　学習ゲーム

社会科で地図記号の学習をしたとする。それをカードにしてかるたのようにゲーム化して遊びながら取り組む。学習に対しても肯定的なイメージが高まっていく。熟語トランプや、九九トランプなど、市販の学習ゲームも朝から子どもたちを笑顔にするのに有効なものがある。

(3) 小さなトラブルは学びのビッグチャンス

集団で取り組むゲーム的な活動をすると、必ず小さなトラブルが起きてしまう。「ずるをした」「先に自分が取った」など、勝負ごとにこだわりを強く持つ子どももいる。教師は、小さなトラブルが起きることを見越して、意図的にそのトラブルを「子どもの学びの場」へと変化させなければいけない。

全体の活動を止めて、「ねえ、CさんとDさんが今困っているの。誰か解決するいいアイデアあるよっていう人いない？」などと全体の話題として話をふる。その時に、「ねえ、実は、同じようなトラブルがあったよ、というグループはありますか？」などの言葉掛けがあると、より全体の問題として子どもは考えやすくなる。

解決方法を子どもたちで共有できているクラスは、小さなもめは、逆に「繋がる」チャンスへと変わっていく。

4 ルールやマナー・目標を明確にする

自己肯定感を高めるのと並行して、取り組んでいくことに、教室内のルールやマナーを明確にするということがある。子どもたちが、何を大切にすればよいのか、何に向かって進んでいけばよいのかわかり、安心して生活することができるからである。

一方で、暗黙のルールやマナーは子どもを不安に陥れ、逆に子どもたちをイライラさせるものになってしまう。

○自分たちの言葉で共通理解する

小学校で一番大切にされているマナーは、挨拶である。昔から挨拶については指導され続けているが、いまだに大きな課題の一つである。それは、「なぜ」という部分の理解が抜け、「しないと叱られるからしている」ものになってしまっているからである。

私は、「挨拶は人を［　　］にする［　　］言葉」と黒板に書き、「ねえ、みんなだったら、［　］に何という言葉を入れますか?」と、子どもに尋ねる。「挨拶は人を幸せにする魔法の言葉」と答えた子どもがいた。それを聞いた他の子どもたちからも、「そうだね」「確かに」などの反応があった。なんとなく理解していたことを明確にすることで、取り組みもガラッと変わっていく。

クラスの目標も同じだ。四月当初にクラス目標を立てるのも良い方法である。しかし、出てくるのは、「明るいクラス」「元気なクラス」「思いやりのあるクラス」など、クラスの実態と関係なく、ただ言葉だけが先行してしまうことが多い。

教師がクラス内で大切にしてほしいことは四月に伝えておかないといけない。私は自分の名前にかけて、「かんがえる力たのしむ心おもいやる心かんしゃの心」を大切にしてほしいと伝えている。

少し学校生活を共に過ごすと、集団として良さや課題が見えてくる。自分たちの実態がわかったからこそ、本当の学級の目標を立てることができる。

今年の私のクラスの目標は「宇宙一、いいね！　のある　かたおかっ子ファミリー」である。

宿泊学習に向けてクラスの出し物を考えている時に、楽しさのあまりふざける子がいた。するとEさんが、「『楽しむ心』はいいけれど、もうちょっと『考える力』を使わないといけないのじゃない?」と注意を促していた。言われた子どもたちも「確かに」と納得していた。みんなで決めた目標が子どもたちを繋げていることがよくわかる。

Eさんが意識して注意を促してくれたのには、ことあるごとに、「それって、クラス目標を達成できる?」などの教師が、意識付けの「仕掛け」をしていた背景がある。目標を飾り物にしないには、教師も目標を意識して指導することが大切である。

子どもたちの心を健康にし、互いを繋ぐルールやマナー・目標を明確にすることが大切である。同時に、すべての子どもたちに、「あなたは、私やみんなにとって、大切な存在である」というメッセージを、言動で、はっきり伝えていくことも大切だと私は思う。

中学校における教育のユニバーサルデザインと積極的生徒指導

倉《くら》本《もと》憲《けん》一《いち》

一 教師の「困り感」から生徒の「困り感」へ

非行・問題行動を起こす生徒や授業を妨害する生徒は、教師を困らせる生徒である。このような生徒が増えると学校の秩序が乱れ、授業も成立しなくなる。いわゆる荒れた学校になってしまう。だから、教師はこのような生徒が現れると全力を挙げて対応し、改善に向けて努力をする。

それに対して、授業がわからなくても黙って耐えている生徒、悩み事があっても相談しない生徒、学校を休みがちな生徒に対しては、ついつい見過ごしてしまい、適切な支援をしないまま放置していないだろうか。そして、彼らがその状況に耐えられなくなり、何か問題を起こしたり、完全な不登校になったりしてから、対症療法的な支援を始めてはいないだろうか。

言い換えれば、教師の「困り感」を解消するためには十分に力を注ぎながら、生徒一人一人の「困り感」に気付き寄り添った教育は十分に行っていないのではないだろうか。

私は三年前に校長として赴任した平塚市立神明中学校で、このことを最初に職員に訴え掛け、「困り感をもった生徒への支援の研究」をテーマとした学校研究に取り組んだ。

◯ 生徒支援の構造化

第一次支援として「授業のユニバーサルデザイン化」（以下授業のＵＤ化）に取り組み、第二次支援として「集団の中での個別支援」を行い、さらに第三次支援として「個別支援」に取り組むことで、構造的な支援教育を行うことができると考えた（図１）。

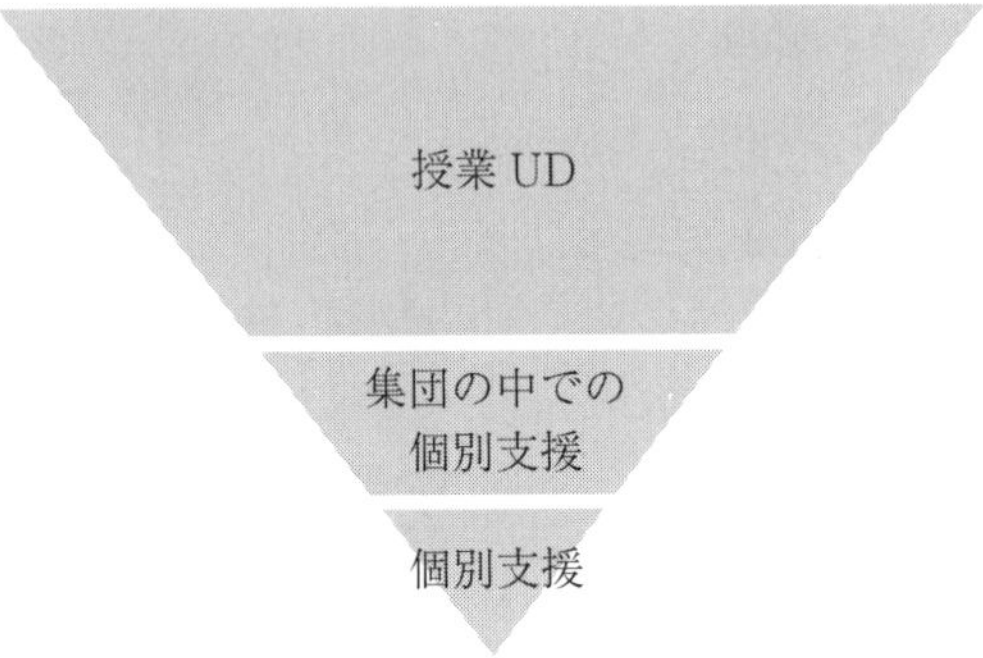

図１　生徒支援の構造化

図２　教室環境のUD化（教室前面）

図３　教室環境のUD化（教室背面）

◎まずは「教室環境のＵＤ化」から

第一次支援として「授業のＵＤ化」を学校全体で推進するには、「教室環境のＵＤ化」から始めることが効果的である。

年度当初に決まり事のプリントを職員に配り、「学級目標は前面に貼らない」「前面黒板には学級の伝達事項を残さない」「前面黒板横の掲示板には時間割等の必要最低限度の物のみを貼る」などを全クラスで実行した。また、前面黒板横の掲示板にはカーテンを設置し、授業時には閉めることとした。

◎授業のUD化の実践研究

授業のUD化を実践するにあたり、テキストとして阿部利彦編著『通常学級のユニバーサルデザイン プランzero2』(東洋館出版社、二〇一五)を使用し、「ひきつける工夫」「むすびつける工夫」「方向づける工夫」「そろえる工夫」「わかったと実感させる工夫」を意識して授業改善に取り組んだ。校長による定期的な授業観察を行い、前述の五つの工夫などの評価項目を盛り込んだ授業評価シートを使った授業評価を積み重ねていった。また、年間二回の研究授業と授業研究会を実施した。中学校における授業研究会は教科の壁があって、なかなか深まらないものだが、本校においては「授業のUD化」という共通の視点があるため、教科の壁を越えて充実した研究会を行うことができた。

平成二八年度七月の研究授業では、三年生理科「遺伝の規則性」をピーターコーンの白い粒と黄色い粒を数えて考える授業を行った。一〇月には、理科の授業の実験結果をまとめたプリントを利用し、実際にピーターコーンを使って三年生数学の「標本調査」の授業を行うという教科の壁を越えた実践が行われた。

授業のUD化にすべての教員が取り組むことで、神明中スタンダードと呼べるものが徐々にできあがってきている。その結果、生徒にとってわかりやすく楽しい授業が増えてきている。それは、生徒へのアンケート結果にも現れているが、授業のUD化ですべての生徒を救えるわけではない。第二次・第三次の支援体制を組む必要がある。

◎生徒のアセスメントを組織的に実施

第二次・第三次支援を組織的に行い、効果を上げるためには、生徒の「困り感」に対して組織的なアセスメントを行うことが必要である。支援の必要な生徒に対して学級担任や学年職員だけが関わるのではなく、できるだけ多くの目で生徒を見取るシステムを作ることで、組織的なアセスメントが可能になる。

支援の必要な生徒には、個別支援シート(図4)を作成し、月一回開催する支援教育委員会で支援方法について検討し、個別支援スモールステップシート(図5)を作成する。

支援教育委員会には、校長・教頭・教務・生徒指導担当・教育相談コーディネーター・養護教諭・各学年主任・スクールカウンセラーなどが出席する。この会

個別支援シート

年　月　日現在

対象生徒	氏 名（ふりがな）	性別	所 属	部活動等
			平塚市立神明中学校 年　組	

困った点	

	現状・課題・出来事等	対応・支援・合理的配慮・今後の見通し等
学習面の状況		

	現状・課題・出来事等	対応・支援・合理的配慮・今後の見通し等
生活面の状況		

その他・参考事項		

図4　個別支援シート

個別支援スモールステップシート

クラス		名前		性別	

◎課題	

◎支援のポイントの見える化(課題の構造化)

すでにできていること(認める指導)	すぐには難しいこと(支援が必要なこと)

◎ゴールへのスモールステップ

スモールステップ1	
スモールステップ2	
ゴール	

◎スモールステップ1の蓄積データ

日付	やったこと(具体的に記入)	結果

◎スモールステップ2の蓄積データ

日付	やったこと(具体的に記入)	結果

図5　個別支援スモールステップシート(鹿嶋，2016[1]より作成)

の事務局は教頭が担い、校長が統括する。管理職が前面に立って支援教育を推進するという姿勢を示すことが大切である。校内だけの支援では不十分な場合は、外部機関と連携してケース会議を開催し、支援方法を決定している。

◎アセスメントに基づいた学習支援

第二次支援として、特別な支援を必要とする生徒に対して、授業者以外に教員か学習支援員（市費日々雇用）が教室に入りさりげなく個別支援するシステムを整えた。配置計画は、個別支援シートに基づき支援教育委員会で決定した。支援の仕方については、アセスメントの結果を踏まえて工夫しているが、生徒の抱えている課題が複雑であり、効果的な支援方法を判断するのはかなり難しい。

放課後の図書室を利用した放課後学習を設定し、個別の学習支援をほぼ毎日行っている。放課後の三〇分間、数名の教員が図書室に待機しており、生徒たちは自主的に課題を持って参加して学習を行い、教員からの指導助言を受ける。三〇分間経つと部活動に参加する生徒は退席するが、継続して学習したい生徒は下校時刻まで続けることができる。放課後学習に参加することで、短い時間を有効に活用して自ら学習する習慣が身に付くが、あくまでも自主的参加なので、必ずしも個別支援を必要とする生徒が参加するとは限らない。さまざまな機会を利用して彼らに参加を促していくことが必要である。

学級における個別支援では十分に効果を得られない生徒や、何らかの理由で自分の教室で授業を受けられない生徒に対しては、別室における個別学習を行っている。これらの生徒は、個別学習と併行してスクールカウンセラーによるカウンセリングを行い、支援の仕方を検討しながら進めている。二年生では年間を通じて個別学習を受けた生徒が、三年生になって普通に教室での授業が受けられるようになった事例もあるが、継続して個別学習をしている生徒もいる。三年生で個別学習をした生徒が、無事に高校に合格して元気に通っている事例もある。個別学習から本来の学級での学習にうまく移行していくための効果的な指導の方法を今後とも探っていきたい。

生徒同士が支え合い学び合う人的環境のUD化

中学校における教育のUD化には、教室環境のUD化、授業のUD化とともに人的環境のUD化が欠かせない。しかも、学級集団におけるUD化だけでなく、もっと広く学校を挙げてのUD化が大切である。中学校では、生徒会活動、部活動をはじめとする異年齢集団による活動が多いため、学校全体で人的環境のUD化に取り組まなければ効果を上げることが難しいからである。学級・学年・学校を単位としたあらゆる場面で、生徒同士が支え合い、学び合う人的環境を作ることに力を入れた。また、公立学校の特性を生かし、地域との連携による人的環境のUD化にも力を注いだ。「チーム神明」のスローガンを掲げ、生徒・職員・保護者・地域を「チーム神明」として位置付け、さまざまな活動に取り組んだ。

一例として、チーム神明が一つになって行う奉仕活動（校舎内の壁のペンキ塗り）がある。毎年夏休み中の一日を使い実施する。地域の企業（関西ペイント）や塗装業者の協力を得て、生徒・職員・保護者のボランティアが協力して、廊下や階段のペンキ塗りを行っている。おかげで、生徒たちは壁を汚したり落書きしたりすることなく、生活することができている。

生徒会が、自らの学校を自分たちの手で良くしていこうとする活動を展開し、生徒が地域行事や小学校行事にボランティアとして参加する機会も多い。これらの活動を通して人的環境のUD化が進み、教室環境のUD化、授業のUD化の取り組みと融合して「困り感をもった生徒」に寄り添おうとする学校が作られている。

〔文献〕

(1)　鹿嶋真弓「蓄積データを用いた認める指導と関係づくり」神奈川LD協会夏のセミナー2016講座資料、二〇一六

〔参考図書〕

・鹿嶋真弓（編著）『うまい先生に学ぶ　実践を変える二つのヒント――学級経営に生かすシミュレーションシートと蓄積データ』図書文化社、二〇一六

8

保護者の視点を学ぶ

学校での合理的配慮と家庭での自立の助け

堀内《ほりうち》祐子《ゆうこ》

子どもたちが育った頃

わが家には四人の子どもがいるが、それぞれ、自閉スペクトラム症、ＡＤＨＤ、ＬＤなどの発達障害がある。その子どもたちが小、中学生のとき、つまり今から一五年くらい前のことになるが、その当時学校で先生方がどのようなことをしてくださっていたか、振り返ってみようと思う。

世の中にようやく、ＡＤＨＤが知られるようになった頃のこと。ユニバーサルデザインや合理的配慮という言葉を耳にすることのない時代だった。そういう中で、子どもたちの先生方はそれぞれ工夫をしてくださっていた。

その子にとって必要な助け

長男は小学校五年生のときに「アスペルガー症候群（自閉スペクトラム症）にＡＤＨＤが被っています」と診断された。その後、クリニックでいただいたアスペルガー症候群について書かれた冊子を担任の先生にお持ちした。そのときに先生はおっしゃった。「アスペルガー症候群についてもＡＤＨＤについても、私はわかっていますから、大丈夫ですよ。でもお母さんがせっかく持って来てくださったので、いただいておきます」。その言葉を聞いて、私はほっとした。

授業参観に行くと、長男は一番前の席に座っていた。授業中、ぼーっとしていることの多い長男に先生は、クラスの全員に伝えた後に「堀内、三五ページ開く」「堀内、問題、解く」という具合に長男の前に来て、伝えてくださっていた。先生は「堀内は声をかければ、ちゃんと取り組みます」とおっしゃっていた。つまり、声をかけられなければ、取り組めないということなのだと思う。

また、黒板が見えない子は黒板の前のスペースに来て、ノートに写してもよいというルールを作ってくださっていたので、五、六人の子が黒板の前の床に座ってノートに写していた。長男は黒板が見えていたと思うが、ノートを持って前に出て座っていた。授業中、立って前に行ったり、席に戻ったり動くことができるのは、ADHDの長男にはありがたいことだったと思う。

また、長男は中学二年生のときに新たにLDの診断が加わった。中学生のときは通級指導教室に通っていたのだが、通級指導教室の先生から、高校受験のときにパソコンを使ったらどうかという提案があった。その当時（二〇〇七年）は、町田市（東京都）では前例がないにもかかわらず、すぐにお返事をいただき、受験のときのパソコンの使用が認められた。パソコンを使うとなると、漢字や図形の問題を差し替えたり、別室を設けるなど、いろいろ調整が必要だったようだ。それにもかかわらず快諾してくださったことをありがたく思う。そして、長男は無事に都立高校に合格し、卒業することができた。まさに、書くことに困難のある長男への合理的配慮だった。

良いところを見る

三男が三年生と四年生のときにお世話になった先生は、先生になったばかりの女性の先生だった。ADHDで、口も身体も多動。不注意で忘れ物が多く、片付けも苦手な三男のためにいろいろ工夫をしてくださった。

プリントを持ち帰ることや宿題を持っていくことを忘れてしまう三男のために、特別にファイルを作って持たせてくださった。ちなみに先生は、私に「お母さん、何とかしてください」とは、一度もおっしゃらなかった。

また、なかなか宿題をやれない三男のために、漢字の宿題プリントを作ってくださったが、これはクラス全員に同じプリントで宿題を出したそうだ。すると、他の子どもたちも、とてもやりやすかったようで、そのプリントにしてから、皆よく取り組めるようになったそうである。先生はそのことを話してくださり「堀内君のおかげです」と、とても喜んでおられた。

また、三男の良いところも、よくほめてくださった。「新しいことをするときに、いつも堀内君が一番に『おれ、やってみる』って言ってくれるんです。皆それにつられて、取り組むようになります。いつも助かっているんですよ」そんなふうにおっしゃってくださった。

ＡＤＨＤであるための不注意に対しては、工夫して助けてくださり、好奇心、行動力などの良いところは上手に活かしてくださった。

「お母さん、今度こんなことをしようと思っているんですが、どうですか?」そうおっしゃる先生のキラキラした目を今も思い出す。

肯定的に見る

次男が中学でお世話になった先生に、次男がアスペルガー症候群とＡＤＨＤであることをお話しした。そのときに私は、次男のステキなところも伝えた。「次男は、すごく優しい子です。次男と一緒にいるだけで私は癒やされます」。先生は次男の苦手なことも、良いところもよく見てくださった。次男は、他の生徒がいじめられたり、ひどいことを言われていると、固まってしまう。そういうときは、誰もいないカウンセリングルームに連れていってクールダウンしてから、理由を聞いてくださった。

次男はかなり変わった子だったが、先生はいつも次男を肯定的に見てくださっていた。あるとき、音楽祭のクラス紹介を次男に任せてくださった。次男の良さが引き出され、みんな大笑いの楽しい紹介になった。

先生の肯定的な思いが生徒にも伝わっていたせいか、次男はクラスの人気者だった。また、通知表の次男に対する先生のコメントは、「あなたの人を思いやるあたたかい気持ちは、先生の支えです。ありがとう」だった。次男への思いが伝わってくるコメントに胸がいっぱいになった。先生が次男を温かく見守ってくださったおかげで、次男は伸び伸びと中学校生活を送ることができた。

次男を見ていて、先生の思いが重要であることがよくわかる。先生がその子をどういう思いで見ているか？　それは、生徒に大きな影響を及ぼす。

合理的配慮の根っこにあるもの

こうして、振り返ってみると、子どもたちがそれぞれ、先生から大切にされていたことがわかる。

合理的配慮の根っこに先生方の、子どもたちへの愛と関心があった。どうしたら、この子が楽しく取り組めるようになるか？　どうしたら、居心地良く過ごせるか？　この子の良さをどうやって引き出そうか？　そういう先生の思いが子どもたちに、しっかり伝わっていた。なぜなら、子どもたちはおとなになった今でもその先生方のことをよく覚えているからである。

自立に向けて、家庭で行ってきたこと

子どもたちは、学校でそれぞれご配慮をいただいたが、ある時期不登校であったり、休みがちであったりした。そのため、家庭で過ごす時間も多かった。しかし現在（二〇一七年）は、長女（二八歳）は結婚し、海外で生活している。長男（二五歳）は事業を立ち上げ、結婚し、親になった。次男（二二歳）は大学生。三男（二〇歳）は就職した。最後に、子どもたちの自立に向けて、家庭で行ってきたことを書いてみよう。

わが家の子育ての目当ては、「子どもが幸せなおとなになること」。具体的に言うと子どもたちが将来自立し、それぞれの才能を活かして社会で働くこと」である。そのために、子どもたちが幼いときから、徹底して本人の意思を尊重してきた。まだ二歳の息子と幼児サークルに行くときでさえ、一緒に見学しそれぞれのサークルのメリットとデメリットを子どもにわかるように説明した。そして、どの幼児サークルに行くか、本人に決めてもらっていた。必要な情報を提供することによって、子どもはどんなに小さくても自分の頭で考え

て決めることができた。

そういうことを繰り返す中で、子どもたちは自分がやりたい習い事やほしい物があるときは、親に交渉をするようになった。夫や私の前でプレゼンをするのだが、うまく説得できず、「出直してこい」と夫に言われて知恵をしぼっていた。なんとか親を説得し、やっとできるようになった習い事は長く続けることができた。

夫も私も子どもたちに「選択の自由はあるが、結果は選べない。自分で決めたこと、行ったことの責任は自分で取らなくてはならない」と教えてきた。子どもたちは、たくさんの失敗をしたが、その中で多くのことを学んだ。

長男は中学三年間、成績がオール一だった。LDがあるため、テストはいつも白紙で出していたが、三年生の三学期になると自分から都立の定時制に行って、必ず卒業すると宣言した。そして、言葉通り卒業し、アルバイトをしながら、いろいろな職種を経験した。そして、二年前に友だちと事業を立ち上げた。

三男は高校を中退して働きだしたが、なかなか仕事を続けることができなかった。しかし辞めた翌日には次のところで働いていた。そういうことを繰り返す中で、自分でもこれではダメだと気付いたようで、いやなことがあっても頑張って続けられるようになった。そして、正社員として採用された。

子どもの意思を尊重することが自立への助け

子ども自身が決めるべきことを親が勝手に決めてしまうことは、子どもの自立を妨げる。

夫は「おれたち親が子どもより長生きすることはできない。だから、子どもが自分の足で歩いていくことができるように助けるのが親の役目だ」とよく言う。自分の足で歩くということは、自分で考えて意思決定することだ。わが家は「命に関わること」「人としてしてはいけないこと」「人に迷惑をかけること」以外は子どもの決定を尊重した。

周りから尊重されて育つことによって子どもは自己肯定感を育てることができる。自己肯定感がある子は自分の足で歩いていくことができる。

家庭で親から尊重され、学校では先生から尊重される。つまり大切にされる。そうやって、しっかり愛された子は幸せなおとな、つまり自分の足で歩いていけるおとなになると信じている。

〔参考文献〕

・堀内祐子・柴田美恵子（著）『発達障害の子とハッピーに暮らすヒント――四人のわが子が教えてくれたこと』ぶどう社、二〇一〇
・堀内祐子・柴田美恵子（著）『発達障害の子が働くおとなになるヒント――子ども時代・思春期・おとなへ』ぶどう社、二〇一四

保護者が欲しいもうひとつの配慮

小林《こばやし》みやび

社会に学ぶ学校のユニバーサルデザイン

たとえば、ファストフード店の厨房を見ると、誰でもミスなく仕事ができるよう、棚や引き出しには収納すべきものが書かれたラベルが貼ってある。病院の廊下には検査室や他科へのルートを示す、色分けされた誘導線がある。駅や空港内のナビゲーションも文字が読めなくても一目でわかるように工夫されている。構造化された環境は学校の外に目を向けたほうが、好例が多いというのが私の実感だ。

色覚の支援についてもしかり。男性の二〇人に一人、女性では五〇〇人に一人が色覚異常を持っていると言われている。クラスに一人はいる計算だ。これにも社会は早くから対応してきた。東京の地下鉄の路線図は色覚異常の方でも判別しやすいように、茶色やオレンジ、赤などの色を調整済み。デザイン業界でも、緑色の上に赤い文字をのせるようなことは絶対にしないのが暗黙のルールだ。一方、学校ではいまだに大事なところを赤いチョークで書く。文字の色を変えるのではなく四角で囲む、色覚異常の人でも見やすいよう配慮されたチョークを使う、見えやすい黄色を使うなどに気をつけている先生はまだまだ少ない。

子どもが学校で取り組むプリントも少々残念なこと

になっているケースが多い。びっしり一枚に隙間なく書かれた計算問題は、紙資源の節約には貢献しているだろうが、子どもは見た瞬間にうんざりするのではないか。特性によっては解こうとする以前に文字が目に入ってこない子もいるだろう。保護者向けの配布物も書体が多用されていたり、行間が詰まりすぎていたりして、読みづらいことが少なくない。

世の中に一般的に出回っている印刷物に、こういったレイアウトのものはないはずだ。読んでもらいたい、理解してもらいたいという意図をもって作られた広告物や雑誌などでは、見出しは目立つように大きく配置され、その下に適切な行間を保った文章が続く。そして〝文字はなかなか読まれない〟という前提のもと、極力イラストや図に置き換える工夫がなされている。

学校制作の配布物でもこれらを意識し、多くの人に短時間で正確に伝わるユニバーサルデザインを目指していただきたいと思う。一歩進んで、書体もディスレクシアの方が読みづらいと感じる明朝体は避け、太さが一定のゴシック体やメイリオなどを使用するといった配慮があると、子どもだけでなく保護者の中にも助かる方がいるのではないか。

教育の素人である保護者の立場からは、授業というソフト面については熱心に研究されている先生たちからのアウトプットに期待するのみである。しかし、ハード面のユニバーサルデザインについては、素人目にも社会のほうがずっと進んでいるように感じる。先生たちには教育業界内での学び合いだけでなく、ぜひ校外にも目を向けていただきたい。環境面で学校が一番過ごしづらい場所であってはいけないと思う。

授業だけでなく宿題にも配慮を

教育のユニバーサルデザインと両輪で語られている合理的配慮。私は保護者の立場から、授業ではなく家庭の重大案件である「宿題」について言及したい。

「漢字ノートの宿題なんですけど、漢字を書く個数を減らしてもいいですか?」

私がそう相談すると担任の先生はびっくりされる。あらかじめ子どもの特性についてはお伝えしているものの、自分の子だけ宿題を変えてくれ、と言ってくる保護者なんてきっといないのだろう。

私の息子は微細運動が苦手なため、漢字をノートに書く作業は非常に時間がかかる。注意の持続が難しく、単調な作業も苦痛でさらにスピードは低下。そして辞書を引けばつい読みふけり……結果、漢字ノートの宿題をこなすのに二時間以上かかることが珍しくない。これに計算や音読の宿題もついてくる。学校でやれなかった課題も持ち帰る。本人もあまりのつらさに号泣である。この状態こそ「合理的配慮の欠如」ではないかと私は考えた。ゆえに遠慮なく冒頭のようなお願いをしたのである。ありがたいことに多くの場合、先生にはご理解いただき、快く宿題の調整願いを受理していただける。わが家はこれでＯＫ。

しかし、世間の大半を占めるのは、宿題は出されたものをこなすのが当たり前、みんなと同じ宿題を完遂できないのはおかしい、と考え、ひたすら子どものお尻を叩くとても真面目な保護者の方々。もしかして出される宿題のレベルや量、内容が本人に合っていないんじゃない？　などと考えることができるのは、子どもの特性を把握し、特別支援に関する情報収集を怠らず、合理的配慮を求めることの正当性まで思考が及んだ少数派の保護者のみである。

また、保護者がそう思い当たっていたとしても、先生に相談するかどうかは別問題。モンスターペアレント扱いされるかも、と二の足を踏んでいる方も少なくない。

困ったことに、宿題が毎日きちんと提出されてしまえば家庭の死闘は先生には伝わらない。かくして地獄の宿題ループは延々と続き、保護者会では「保護者の方も宿題をみてあげてください」「スミマセン」みたいな会話がむなしく宙を飛び交うのだ。

先生たちにはぜひ一度、すべての家庭に宿題に要する時間をヒアリングしてみていただきたい。おそらく「学年×一〇分」など、想定している時間があるだろう。そこから大きくかけ離れている場合は内容がその子に合っていない可能性が高い。「みんなちがって、みんないい」の精神は宿題にも発揮されるべきである。タブレット学習もＯＫとする、作文は箇条書きも可、などその子に合った学び方を、宿題を通して家庭に提案していただけたら、こんなにうれしいことはない。

合理的配慮は考え方、感じ方にも

合理的配慮は学習面をメインに語られることが多いが、子どもの考え方、感じ方にも同じように配慮をいただけたらと思うことがある。

学校の廊下にはクラス全員の絵や習字などの成果物が貼られていることが多い。しかし、もし私が絵を描くのが苦手でやっとの思いで描き、自分でもうまく描けなかったと恥じている作品が廊下に貼られ、他学年はおろか学校に来た大人たちにも見られるとしたら、かなりツラい。学期のはじめに書かされる「めあて」もしかり。自分の個人的な目標をみんなに見られたくない子だっているだろう。将来の夢も内緒にしてはいけないのか。どうして二分の一成人式で大勢の知らない大人の前で披露しなければならないのか。日記だってたとえ相手が先生でも読まれたくない子はいるはずだ。嫌な気持ちを我慢して出た運動会のあとには、ダメ押しのように運動会をテーマにした作文や絵を制作する授業がついて回るのも実に気の毒な話である。

学校で慣例となっていると思われるこれらの事項を、子どもの立場から今一度、見直していただけたらと思う。彼らが配慮を求めているのは、学習の手立てだけではないのだ。

最後に、保護者の本音をひとつだけ。

私を含め、自閉症スペクトラム、ADHDといった特性を持った子どもの保護者は担任の先生が変わるたびに、大きな行事のたびに、何か問題が起こるたびに学校に足を運んで、時に先生にお詫びをしつつ、配慮をお願いしてきた。中には残念ながら理解いただけない先生もいる。それでもあきらめずに、これらのアクションを何年間にもわたって取り続けられるのは、精神的にタフな保護者だけではないかと思う。一部の先進的な学校を除き、合理的配慮はいまだ〝遠きにありて思ふもの〟というのが現実だ。

そして私の周囲では「学校に配慮を求めるのに疲れた」という声も頻繁に聞かれる。保護者が頑張りすぎなくても、さらには子どもが抱えている困難に気づいていない状態でも、どの子も等しく配慮が受けられる環境の実現が、切に待たれる。

あとがき

私はここ数年たくさんの地域からお招きいただき、各学校のＵＤ化について実践研究のお手伝いをしています。三年以上続けている学校もいくつかありますが、ＵＤ化がうまくまわりはじめ、子どもたちの意欲的な姿が見られるようになるには三年はかかるな、という印象をもっています。一年目は、「焦点化」って何だろう、とＵＤに関する言葉のイメージを具体化するのに右往左往する時期であります。二年目には、あれもこれもと「しかけ」が多すぎたりして、支援過多になる場面が見られます。三年目にして、まさに引き算の美学、支援が焦点化された授業づくりが見えてきます。先生方も、なんだか授業づくりが楽しくなってくる頃です。そして、障害のあるなしにかかわらず、子どものつまずきが予想できるようになってくるのです。ですから、各学校のＵＤ化にはそれなりに時間がかかるものである、ということをぜひ心にとめておいていただきたいと思います。

先ほども触れましたが、ＵＤ化にチャレンジしていくときに忘れていけないことは、「先生が楽しむ」ということです。先生が楽しめていないのに、子どもが楽しく学べるはずはありません。

ＵＤ化は、子どもたちが「自分たちっていけてるじゃん」「トラブルがあってもみんなで解決できるはず」という集団肯定感をはぐくみ、そしてそれを見守る先生方の教師肯定感にもつながる、私はそう信じています。

『児童心理』別冊からの書籍化にあたり、ページ数などの関係で執筆者の変更もありました。別冊のときにご協力いただいた先生方にここでお礼の気持ちを伝えたいと思います。

そして本書の作成にあたっては、日本授業UD学会の皆様のご理解・ご協力が不可欠でした。皆様に心より感謝いたします。

また、この企画をスタートから粘り強く見守り、書籍化のためにご尽力くださった金子書房の亀井千是様、本当にありがとうございました。

さいごに、UD化にチャレンジしている、あるいはこれからチャレンジしようとしている先生方にとって本書がお役に立てることを心から願っております。

二〇一七年六月

阿部利彦

著者紹介（執筆順）

阿部利彦《あべ・としひこ》
編者・星槎大学大学院教育実践研究科教授

田中康雄《たなか・やすお》
こころとそだちのクリニックむすびめ院長

樋口一宗《ひぐち・かずむね》
松本大学教育学部教授

廣瀬由美子《ひろせ・ゆみこ》
元明星大学教育学部教授

久本卓人《ひさもと・たくと》
秦野市立本町小学校総括教諭

桂　聖《かつら・さとし》
筑波大学附属小学校教諭

伊藤幹哲《いとう・よしのり》
萩市立明倫小学校教諭（初版刊行時）

村田辰明《むらた・たつあき》
関西学院初等部副校長

綾部敏信《あやべ・としのぶ》
小田原市立白鷗中学校校長

Design

平野次郎《ひらの・じろう》
筑波大学附属小学校教諭

清水　由《しみず・ゆう》
桐蔭横浜大学スポーツ科学部准教授

吉見和洋《よしみ・かずひろ》
御船町教育委員会学校教育課課長補佐

田中博司《たなか・ひろし》
杉並区立桃井第五小学校主幹教諭

小貫　悟《こぬき・さとる》
明星大学心理学部教授

川上康則《かわかみ・やすのり》
杉並区立済美養護学校主任教諭

藤堂栄子《とうどう・えいこ》
認定NPO法人エッジ会長・星槎大学特任教授

上條大志《かみじょう・まさし》
小田原市教育委員会指導主事

森亜矢子《もり・あやこ》
静岡県総合教育センター指導主事（執筆時）

霜田浩信《しもだ・ひろのぶ》
群馬大学共同教育学部教授

坂本條樹《さかもと・じょうじゅ》
渋谷区教育委員会特別支援教育係

増本利信《ますもと・としのぶ》
九州ルーテル学院大学人文学部准教授

Universal

上原淑枝《うえはら・よしえ》
元川崎市教員

山中徳子《やまなか・とくこ》
元公立小学校長・星槎大学特任講師

大石幸二《おおいし・こうじ》
立教大学現代心理学部教授

松久眞実《まつひさ・まなみ》
桃山学院教育大学人間教育学部教授

片岡寛仁《かたおか・のぶひと》
神奈川県公立小学校総括教諭

倉本憲一《くらもと・けんいち》
元平塚市立神明中学校長・神奈川大学非常勤講師

堀内祐子《ほりうち・ゆうこ》
ゆるみ☆子育て代表

小林みやび《こばやし・みやび》
保護者

編者紹介

阿部利彦（あべ・としひこ）

1968年生まれ。早稲田大学人間科学部卒業，東京国際大学大学院社会学研究科修了。専門は教育相談，学校コンサルテーション。東京障害者職業センター生活支援パートナー（現・ジョブコーチ），東京都足立区教育研究所教育相談員，埼玉県所沢市教育委員会健やか輝き支援室支援委員などを経て，星槎大学大学院教育実践研究科教授。日本授業UD学会理事。日本授業UD学会湘南支部顧問。主な著書に，『発達障がいを持つ子の「いいところ」応援計画』（ぶどう社，2006），『クラスで気になる子の支援 ズバッと解決ファイル V3 対談編』（編著，金子書房，2017），『見方を変えればうまくいく！特別支援教育リフレーミング』（編著，中央法規出版，2013），『通常学級のユニバーサルデザイン プランZero2 授業編』（編著，東洋館出版社，2015）など。

決定版！　授業のユニバーサルデザインと合理的配慮

子どもたちが安心して学べる授業づくり・学級づくりのワザ

2017年 7月18日　初版第1刷発行　［検印省略］

2023年12月25日　初版第5刷発行

編　者　阿部利彦

発行者　金子紀子

発行所　株式会社　金子書房

〒112-0012　東京都文京区大塚3-3-7

電話　03-3941-0111（代）

FAX　03-3941-0163

振替　00180-9-103376

URL　https://www.kanekoshobo.co.jp

装丁・本文デザイン　mg-okada

印刷　藤原印刷株式会社　　製本　有限会社井上製本所

ISBN　978-4-7608-2839-5　　C3037